Gauner-Wörterbuch

für den Kriminalpraktiker

Von

Wilhelm Polzer

Polizeikommissär in Wien

1922

München, Berlin und Leipzig

J. Schweitzer Verlag (Arthur Sellier)

Gauner-Wörterbuch

für den Kriminalpraktiker

Von

Wilhelm Polzer

Polizeikommissär in Wien

1922

München, Berlin und Leipzig

J. Schweitzer Verlag (Arthur Sellier)

Druck von Dr. F. P. Datterer & Cie., Freising-München.

Herrn Universitätsprofessor

Dr. L. Günther

in Gießen

in besonderer Hochschätzung und Dankbarkeit

gewidmet.

Vorwort.

Dem eigentlichen Inhalt des hiermit der Öffentlichkeit übergebenen „Gaunerwörterbuches für den Kriminalpraktiker“[1]) seien einige Worte vorangeschickt.

Zunächst sei zur Frage, ob denn die Gaunersprache noch heutzutage für den Kriminalisten praktischen Wert habe — auch Praktiker vermeinen nämlich mitunter, diesen Abschnitt übergehen zu können, „weil derartiges, wenn überhaupt vorhanden gewesen, sich längst überlebt habe“ — Stellung genommen und mit den Worten Prof. Günthers[2]) gesagt: „Wer etwa der Ansicht wäre, daß heute — in Anbetracht der ja gegen früher allerdings stark veränderten Verhältnisse des gewerbsmäßigen Verbrechertums — auch die Gaunersprache keine praktische Bedeutung mehr für den Juristen habe, der sei u. a. hingewiesen auf verschiedene ‚Gaunerbriefe‘, die erst kürzlich in einer hauptsächlich der kriminalistischen Praxis gewidmeten angesehenen Zeitschrift, der ‚Deutschen Strafrechtzeitung‘ (Berlin), Jahrgang 3 (1916), Spalte 405 und Jahrgang 5 (1918), Spalte 40 ff.[3]) von Polizeibeamten veröffentlicht wurden und die beweisen, daß sich die Gaunersprache noch immer, auch bei den Korrespondenzen der Herren Spitzbuben untereinander — ebenso wie bei den sog. Kassibern in Gefängnissen usw. — unverminderten Ansehens erfreut, wenngleich sie natürlich in fortwährender Umgestaltung begriffen ist.“ — „Mehrfach sind mir“ — fährt Prof. Günther fort — „in den letzten Jahren auch Anfragen von Untersuchungsrichtern und Staatsanwälten über die Herkunft und genaue Bedeutung einzelner Gaunerwörter zugegangen, da solche in Strafprozessen oft von entscheidender Wichtigkeit sein können.“ — Ein einziges rechtzeitig „aufgefangenes“ und richtig übersetztes Gaunerwort kann der ganzen Strafsache mit

---

[1]) Eine Ergänzung meines im selben Verlage erschienenen „Handbuches für den praktischen Kriminaldienst“ (ein Lehrbuch für Polizei- und Gendarmerieschulen, ein Lern- und Nachschlagebehelf für jeden Kriminalbeamten).

[2]) Dr. L. Günther (Gießen) in der Anmerkung [3]) zum Vorwort seines hochbedeutsamen Werkes: „Die deutsche Gaunersprache (und verwandte Geheim- und Berufssprachen)“. Leipzig 1919, Verlag Quelle & Meyer.

[3]) Stammen aus eigener Praxis.

einem Schlag eine andere Wendung geben, in einen umfangreich und verwickelt erscheinenden Sachverhalt sofort Kürze und Klarheit und vielleicht Beweise bringen, die sonst kaum hätten erbracht werden können! Daraus erhellt wohl zur Genüge, wie wichtig für jeden Kriminalbeamten der Abschnitt Gaunersprache ist.

Es kann zwar nicht gefordert werden, daß der Kriminalist neben seinem aufreibenden Beruf noch sprachwissenschaftliche Studien treibe, wohl aber kann und muß im Interesse des Dienstes auch vom Nichtjuristen verlangt werden, daß er vom Bestehen der Gaunersprache wenigstens Kenntnis habe und an der Hand eines geeigneten Behelfes sich auch hier zurechtzufinden vermag.

Obwohl die Literatur auf gaunersprachlichem Gebiet eine große ist, bestand bis nun eigentlich kein für den Kriminalpraktiker so recht brauchbares Nachschlagebuch der Gaunersprache, aus dem er sich rasch und zuverlässig über die Bedeutung eines solchen Fremdausdruckes hätte unterrichten können. Die bisherigen Sammlungen der Gaunersprache sind nämlich entweder veraltet oder unvollständig — dazu meist noch von Fehlern und Irrtümern durchsetzt — oder sie verfolgen rein wissenschaftliche Zwecke, zudem sind sie meist noch in größeren Sammelwerken oder in Zeitschriften versteckt, so daß sie aus all diesen Gründen zum Gebrauch für den praktisch tätigen Kriminalbeamten, der lediglich schnell und sicher wissen will, was ein bestimmtes Gaunerwort bedeutet, nicht geeignet erscheinen. Diese oft schwer empfundene Lücke soll das vorliegende „Gaunerwörterbuch für den Kriminalpraktiker“ ausfüllen.

Um den Ansprüchen des Kriminalisten deutscher Zunge im Norden wie im Süden nach Möglichkeit gerecht zu werden, wurden außer eigentlichen Gaunerausdrücken auch Ausdrücke des Wiener-, Berliner und Hamburger Jargons aufgenommen, aus dem weltbekannten „Handbuch für Untersuchungsrichter“ meines Lehrers an der Grazer Universität, weil. Prof. Dr. Hans Groß, u. a. auch eine Reihe von Zigeunerwörtern entlehnt, und auch aus dem Jüdischen, auf welches ungeahnt viele Ausdrücke zurückgehen, das Nötige herbeigezogen. Endlich wurde durch eine Anzahl fremder Ausdrücke, die zwar mehr minder allgemein gebräuchlich, aber auch unter Gaunern zu hören sind und darum genannt sein müssen, berücksichtigt und — der Einfachheit halber — alphabetisch eingeordnet. So bietet der Inhalt dieses Nachschlagebehelfes eigentlich mehr, als sein Titel erwarten läßt.

Unbedingt veraltete Worte wurden weggelassen, dagegen Zeitgemäßes aufgenommen; Ausdrücke aber, die möglicherweise noch irgendwo in Geltung sind — in verneinendem Sinn und mit voller Sicherheit läßt sich dies nicht immer entscheiden — wurden nach dem Grundsatz: im Zweifel lieber mehr als zu wenig bieten, belassen.

Schließlich noch ein Wort über den Gebrauch des Wörterbuches. Ein Wörterbuch einer gebildeten Sprache würde diesfalls keiner weiteren einleitenden Bemerkungen und Aufklärungen bedürfen; bei der Gaunersprache ist dies jedoch anders. Klar und völlig zutreffend kann man diesbezüglich mit Prof. Groß[4]) sagen: „Die Gaunersprache ist eine, die nur gesprochen, fast nie geschrieben wurde und wenn letzteres ausnahmsweise doch der Fall war, so geschah es wieder — von gelehrten Arbeiten abgesehen — fast nur von ungebildeten Leuten. Die Sprache hat sich also nur von Mund zu Mund fortgepflanzt, wurde von Leuten verschiedener Nationen und der verschiedensten Stämme benützt, sodaß dasselbe Wort andern Klang, sogar andere Form bekam, je nachdem, wo und von wem es gesprochen wurde. An eine einheitliche Schreibweise ist also nicht im entferntesten zu denken, und wer sich mit der Gaunersprache abgibt, wird sich auch bequemen müssen, ein Wort an zahlreichen Stellen zu suchen... Es erübrigt also nichts anderes, als vorerst gewissermaßen phonetisch vorzugehen, d. h. man spricht das Wort laut aus und erwägt dann, in welch verschiedenen Arten jemand dies Wort schreiben könnte, der auch sonst nicht orthographisch schreiben kann. Die so gefundenen und ähnlichen Formen müssen dann aufgesucht werden. Das ist allerdings mühsam; es ist aber zu erwägen, daß es sich in unseren Fällen ja nicht um die Übersetzung von langen Stellen aus Büchern, sondern in der Regel um nur wenige oder gar nur einzelne Worte handelt, die übersetzt werden sollen, es ist also die Mühe doch keine gar zu große, und der zu erwartende Gewinn oft ein bedeutender."

Durch Anführung und Einschaltung wohl aller gebräuchlichen Formen ein und desselben Ausdruckes wurde jedoch die Mühe des Aufsuchens möglichst erleichtert.

Wesentliche Erleichterung für den „Ernstfall" bietet es, wenn man den folgenden Wortschatz immer wieder und aufmerksam durchliest.

So möge auch dieser Behelf allen Organen, welche an der Erforschung strafgesetzwidriger Handlungen beruflich mitzuwirken haben, ein willkommenes Nachschlagebuch sein!

Graz, im April 1921.

Der Verfasser.

---

[4]) Sein „Handbuch für Untersuchungsrichter", 6. Aufl., Seite 453/54.

Wortschatz.

A

Abafetzerer Auslagendieb; Onanist
abbauen davongehen, entkommen
abbiegen (die Strafe) absitzen
abbildeln (polizeilich) photographieren
abblaffen durch Bellen verscheuchen, abhalten, abschrecken
abbleffen abweisen
abchatchenen abschneiden
abdalfen abbetteln
abfäbern abschneiden, lostrennen
abfäbern abschreiben
abfahren entfliehen, durchgehen
abfassen verhaften
abfechten abbetteln
abfehmern } abschreiben
abfelbern }
abfetzen abschneiden, herunterreißen; töten, schlachten
abfinkeln etwas heimlich verabreden, besprechen
abfocken davongehen, entkommen
abgechaist alt, gebrechlich, hinfällig, unbrauchbar, abgelebt
abgefinkelt schlau, verschlagen
abgezinkt sein beobachtet, bemerkt, gestört sein
Abgott heilige Hostie
abgrasen (eine Gegend) abbetteln
abhalchen durchgehen, entkommen
abhalten, den Jerid — oder *Schuck* — den (Jahr-) Markt besuchen, um dort zu stehlen
abhängen aus der Auslage stehlen
Abhänger Schaukastendieb
abhieseln photographieren
abholchen durchgehen, entkommen.
abidrahn (bei der Teilung der Beute) übervorteilen
abidrahn, einen Hund — ein Vorhängschloß abdrehen
abimachen (bei der Teilung der Beute) übervorteilen
abischineilen sich plagen
abischnappen sterben, verhaftet werden
abispannen (bei der Teilung der Beute) übervorteilen
abisteigen sterben
abkaspern betrügen, ablocken, abbetteln, täuschen
abkingen } abkaufen
abkinjenen }
abklatschen polizeilich photographieren
abkloppen (eine Gegend) abbetteln
abknasten (die Strafe) absitzen
abkochen etwas heimlich verabreden
abkrauten (aus der Haft) durchgehen
abkröpfen Uhr, Geldbörse usw. stehlen
abladen hergeben, bezahlen
abmarachen sich anstrengen, aufreiben
abmecken beseitigen, umbringen, töten

abmelochnen beseitigen, zustandebringen
abmischkeln geizig sein, knausern
abnollen verschließen, abschließen, zuschließen
Abouscha Besprechung, Unterredung
abouschieren sich besprechen, unterreden
abproschen durchgehen, entkommen
abrachwenen (eine Strecke) abreiten, (einen Zweck) verfolgen
abschabbern mit dem Brech- oder Stemmeisen wegbrechen, abbrechen
abscheffen } durchgehen, entkommen
abschefften }
abschnorren } abbetteln
abschnurren }
abschränken } entspringen, ausbrechen
abschrenken }
abschweben entkommen, durchgehen
Absent Abschaffung, Ausweisung
Absent geben davonlaufen
Absin Stahl
abstappeln häufig aufsuchen, besuchen, heimsuchen
Abstecher jedes einfache Werkzeug (z. B. Nagel, Schusterahle u. dgl.) zum Öffnen von Vorhängschlössern
Absteiger Wohnung, in welche Mädchen ungeniert Männer mitbringen können
abtarchenen davonlaufen, entkommen
abtippeln heimlich durchgehen
Abuscha Besprechung, Unterredung
abuschieren sich besprechen, unterreden
abwackeln der Dirne den Schandlohn abnehmen
abwürgen } ein Vorhängschloß abdrehen
abziehen, einen Hund }
abzinken beschreiben, erkennen, kenntlich machen
abzrocken abspielen, abgewinnen
Abzug Vorhängschloß, Wachsabdruck
Achbrosch Spitzbube, Gauner, Dieb, Räuber
Achel } Mahlzeit, Speise, das Essen
Achelei }
Achelfahrt }
achelkeß ungewitzigt, unerfahren, dumm
Achelkies Geld für Verpflegung
acheln essen, speisen
achelpeter ungewitzigt, unerfahren, dumm
Achelpeter unerfahrener, dummer Mensch; Armenhäusler
Achelputz das Essen (bes. Gefängniskost)
Achelsore Eßware, Speise
Acherponim Gesäß
Achprosch Spitzbube, Gauner, Dieb, Räuber
Acht Handfessel
Achterstückel Erpressung, Gewaltakt
Achtgroschenjunge Zuträger der Polizei
Achtundzwanziger offener Überfall, Einbruch, auch: Räuber, Mörder
Achtundzwanzigerstückel Raub, Mord
Adam pochus armer Mensch (bei dem nichts zu stehlen ist)
Adelskalender Verzeichnis der Steckbriefe
Adoni Herr
a'drucken (die Strafe) absitzen; sich heimlich davonmachen
Äffchen Neuling in der Gaunerwelt; der Dumme, der betrogen werden soll

Ätte Vater
Aff Inspektor
aggeln fahren
Agler Fuhrmann, Kutscher
Agole Wagen (aller Art, bes. ländliche)
agolen fahren
Agoleschächter einer, der vom Wagen stiehlt
Akh Auge
Alav Flamme, Feuer
alchen gehen
alef } eins
aleph } eins
Alex Berliner Polizeidirektion (am Alexanderplatz)
Alije Dachboden
Alijeschieber Dachbodeneinschleicher
alle werden verhaftet werden, auch: entfliehen
Almazu Edelstein, Diamant
Almon Witwer
Almone Witwe
Almoni der „Unbekannte", der bei Aussagen der Gauner vorgetäuscht wird
Almoni zinken dem Vernehmenden von einem solchen „Unbekannten" erzählen, d. h. vorlügen
Alphons Zuhälter, Dirnenbeschützer
alt gut, schön, sicher, es lohnt sich, Gelegenheit zum Diebstahl
alt machen mit jemandem übel verfahren, ihn hinauswerfen; sich (mit jemandem zum Diebstahl) verabreden, ihn auf seine Seite bringen, insbes. sich ihn als Entlastungszeugen sichern
Alten machen, einen — — sich ehrlich stellen; falschspielen
Altfuchs Gold
altrisch alt
Am Volk
Amazonen Zutreiberinnen der Falschspieler
amen wir, uns
Amhorez Landvolk, ungebildeter, unwissender, dummer Mensch
Ammo Mittelfinger
Amtskehr Amtmann, Richter
Amtsschauter Aufseher im Gefängnis, Amtsdiener, Gerichtsdiener
Amtsschoder Amtsbote
amular aufhängen
anbauen } Versperrtes öffnen, sich an etwas machen, auf Diebstahl ausgehen
anbaun } Versperrtes öffnen, sich an etwas machen, auf Diebstahl ausgehen
anbeulen ansprechen, zum besten haben
anblasen anbellen, anschreien, aufsperren
anbleffen jemanden erschrecken
anbohren entjungfern; anbetteln
anbrungern anbohren; entjungfern
anfassen stehlen
Anfasser Dieb
anfetzen den ersten Schnitt machen (bei Diebstählen an Frachtwagen), anschneiden, aufschneiden
anfinkeln brandstiften
anfliegen sich an jemanden heranmachen
Angar Kohle
angeigen stechen
angesandelt sein Läuse haben
ang'naht (blatter)narbig
Angor Kohle
Angustri Ring, Reif
Anhängsel Geliebte; Nebenstrafe (z. B.: Ausweisung, Zwangsarbeit, Polizeiaufsicht)
anhauen bitten; anessen
anhieseln sich schminken, necken, anlocken
ankappen anhalten, ergreifen
ankernten brandstiften
ankluften anziehen
ankobern jemanden zu solchen (s. *„kobern"*) Zwecken anreden, anblicken, anlocken

ankohlen jemandem etwas vorlügen, vormachen
anlinzen ansehen, anschauen, anblicken
anlockechnen herauslocken, stehlen; annehmen
annollen anschließen (z. B. an die Kette)
Anreißer Zutreiber
anrojenen auffallend ansehen
anschälen ankleiden
Ansche Leute
anscheifften } eine Leiter anlegen
anschewwenen }
anschickern, sich sich betrinken
ansempern anplauschen, anlügen
ansetzen ein (falsches) Kartenspiel beginnen
ansingen, einen — jemandem etwas vorjammern
anspritzen stechen
anstechen anschauen
anstiebeln anstiften, anführen
Anstoß Krankheit, Elend, Unglück, Störung, Überraschung
antippeln anzeigen, belasten
Anzen Fuß
Appel Besserungsanstalt, Arbeitshaus
appelkeß zuchthausmäßig
Arbeit jede Tätigkeit des Gauners, besonders des Diebes (auch Betrügers)
Arbeit, kalte — das Öffnen eines Geldschrankes mittels Brechwerkzeug
Arbeit, warme — das Öffnen eines Geldschrankes auf maschinelle Weise (Stichflamme u. dgl.)
Arez Erde, Land
Armband Schließkette
Armin Kraut, Kohlkopf
Arpo Gerste
Arsch, sich den — ausreißen lassen (im Spiel) sein Geld verlieren
Arschkratzer Raseur
Arschpauker Lehrer
Aršič Zinn
Arwesschremsn Leierkasten, Drehorgel
asch versteckt, häßlich, unverschämt
Asche Geld, besonders Kleingeld
Aschen Tuch
aschingern in Bier- und Frühstückstuben schlemmen
Aschkenas Deutschland, Deutscher
aschkenas deutsch
Aschmatei } Teufel
Aschmedy }
aschween davongehen, fliehen
Aske Beschäftigung, Diebstahl, auch: Gelegenheit dazu
Asosel Teufel, Sündenbock
assere nichts! soviel als: verrate nichts!
assern verbieten, untersagen, gegen jemanden sprechen
assusso! Heil!, Glück auf!
Ast Buckel
Astel häßliches Geschöpf
Aster } Buckliger
Asterwitz }
a'stieren Schlafende oder Trunkene bestehlen
A'stierer einer, der solches (s. *„a'stieren"*) tut
Astmann Buckliger
aucher sein betrübt, bekümmert sein
auf den Bleffer nehmen jemandem etwas vorhalten, um das Richtige zu erfahren
auf den Damm gehen } auf den Strich gehen
auf den Damm schicken }
auf den Schmuß nehmen durch anscheinend wohlwollendes Zureden ein Geständnis entlocken
auf die Betuke nehmen, einen — — — — jemanden geschickt ausfragen

auf die Hippe nehmen, einen — — — — jemanden geschickt ausfragen
aufbügeln ein Frauenzimmer mißhandeln
aufdecken ein Geständnis ablegen
Aufdecker der Komplize, der (unter Bauernfängern) mit dem Opfer zu spielen beginnt
Aufdeisser Kellner, Wirt, Diener
aufdrucken (im Spiel) betrügen
auffetzen aufschneiden (s. „*anfetzen*")
aufführen hineinlocken
auffunken brandstiften
aufgeschlangelter Bink gekreuzigter Heiland, Kreuz
Aufgetalgter ein Gehenkter
auflinzen versteckt aufblicken
aufmelochnen aufmachen, aufschließen, öffnen
aufmucken vorlaut sein, aufbegehren
Aufnahme die erste Vernehmung des Verhafteten
aufnollen aufmachen
aufplatzen aufsprengen, aufbrechen
aufschränken gewaltsam öffnen, einbrechen
Aufstoß (alles Unvorhergesehene:) unangenehmer Zwischenfall, Überraschung, Verhinderung, Störung
Aufstoß bekommen von jemandem überrascht, verhindert, begegnet werden
auftalgen }
auftaljenen } aufhängen, henken
auftatteln aufsperren
auftschochern aufbrechen
aufzamen aufhetzen
Aules Krug, Wirtshaus; Verkehr
ausameden aushalten, ausstehen, erdulden
ausbaldowern }
ausblenden }
ausblinden } ausspähen, auskundschaften, Gelegenheit zum Diebstahl ermitteln
Ausblinder Auskundschafter
auscher reich, wohlhabend
auseinandermachen (die Beute) teilen
ausenen machen, tun, bereiten, erwerben, zuwegebringen, darbringen
ausfahren in Diebstahlsabsicht ausgehen
Ausfall Diebstahlsgelegenheit
ausfehmern fertig schreiben
Ausflucht Diebsreise
ausgeschnoben ausfindig gemacht, ausgekundschaftet
aushandeln den Diebstahl ganz und ohne Störung durchführen, (genau suchen und das Beste mitnehmen)
aushusten aufhängen; gestehen
ausjoschen ausschlafen
auskeilen ausfragen
auskluften ausziehen, entkleiden; jemanden (= Überfallenen) zwingen, Hab und Gut herzugeben, ausplündern
ausknobbeln etwas besprechen und verabreden; ordnen
auskochen sich versichern, vergewissern
auslinsen }
auslinsen } auskundschaften, ausspähen, ausfragen
ausmacheien }
ausmakkenen } züchtigen, prügeln
ausmisten, einen — jemandem alles (bes. Geld) wegnehmen
auspellen ausziehen
Auspreusch Auslieferung
auspreuschen ausliefern
ausrücken sich entfernen, weggehen, fortlaufen
ausschabbern ausbrechen (Steine aus der Mauer, um ein Loch zu machen)

ausschmieren auskundschaften
ausschobbern }
ausschrobbern } s. „*ausschabbern*"
aussassern auskundschaften
aussenen machen, tun, bereiten, erwerben, zuwegebringen, darbringen
außihäkeln herauslocken
außireißen entlasten
Außireißer Verteidiger, Entlastungszeuge
Austippel Ort, Haus, Schlupfwinkel
austippeln ausbrechen
Avdin Honig
Azoes Unkosten

B

Baas Wirt, Meister
Babbel Mund
Babing Gans
Bacas Schafhirte
Bach Fünfpfennigstück
Bach, ums — gehen sterben
bacheln zechen, trinken
Bachen s. „*Bach*"
Bachert Kessel
Bachhendl (Einspänner-)Pferd
Bachkatze }
Bachrutscher } Stein
Bacht Glück
Bäckerling alles, was gebraten oder gebacken ist: Braten, Wurst, Brot u. dgl.
bafen trinken
Bag Fünfpfennigstück
Bah Mädchen
Bahnherr Anführer beim Diebstahl, Einbruch oder Raub
Bais Haus, Gebäude
Baiz Ei
Bajes }
Bajis } Haus, Gebäude
Bakro Schaf
Bal Haar, Bart
Bal ein Mann, einer
Bal chochem }
Bal cholem } Beamter, der die Gaunergeheimnisse kennt, gefürchteter Kriminalbeamter
Bal Mischpet Untersuchungsrichter
Bal Schochad bestechlicher Mensch
Balanz Straße
Balaske Anführer
Balatze Richter
Balbos Wirt, Hausherr
Balchochem Beamter, der die Gaunersprache kennt, gefürchteter Kriminalbeamter
Balderschmei Leiter der Strafbehörde, Untersuchungsrichter
Baldewerer Auskundschafter, Angeber, Anführer bei einem Diebsunternehmen
Baldower }
Baldowerer } Auskundschafter, Angeber, Anführer bei einem Diebsunternehmen
baldowern auskundschaften
Balevas Speck
Balhe Lärm, Überraschtwerden, Verdruß
Balhei der zu Bestehlende
Bali Schwein
bali gehen freigesprochen, überhaupt enthaftet werden
bali g'samsen (das Gestohlene) wegwerfen
bali machen zechprellen
bali rollen fortfahren
bali schicken (das Gestohlene) wegwerfen
Balifke Suppe
Balitschöcherer Zechpreller
Ballmach }
Ballmacher } Soldat
Ballmasematten Anführer einer Diebsbande
Ballmischpet Untersuchungsrichter

Ballspieße Wirt
Ballverschmai Untersuchungsrichter
Balm, *Balmach*, *Balmachom* Soldat
Balmasematten Anführer einer Diebsbande
Balmilchome Soldat
Balo Schwein
Balval Wind
Balverschmai Untersuchungsrichter
Bammel Angst, Besorgnis
Bammelmann ein Erhängter, Gehenkter
Bammelmann machen sich erhängen
Ban Mädchen
Bande eine Anzahl Diebe oder Gauner von m e h r als 10 Personen
Banduck Gewehr
Banerne, das oder *der* — Kruzifix
bango lahm, krumm
Bango der Lahme, Krumme; auch: Geldstück
Bankarbeit das Schlafen auf einer Bank, Pritsche od. dgl.
Banterich Zeug, Stoff, insbes. Kattun
Bar Sohn
Bar Stein
Bär Laib Brot
Bär feuerfeste Kasse
Barach Krätze, Aussatz
Baranyi Lamm
Barbale Geist, Gespenst
Bariach Bolzen, Querriegel, Querbalken bei Türen
Barje modern gekleideter Mensch, Geck
Barjisrael Jude
barlen sprechen, reden, schwatzen
barmherzige Schwester Freimädchen
Barnim Berliner Frauengefängnis (i. d. Barnimstraße)
baro groß
Barrach Krätze, Aussatz
Barseile, *Barseilum* Schließkette, Handschellen; auch: Vorlegstangen vor Fenster und Türen
Barsel Eisen, Kette, Fessel, Schließwerkzeug
Barsel Eisenbahn, Bahnhof
Barselem Schließeisen
Barselim Eisengitter, eiserne Vorlegstangen vor Fenster und Türen
Barselmalucher, *Barselmelochner* Schlosser
barseln beim Verhaften fesseln
Barselschärfe Feile
Bartel Eisen, Kette, Fessel, Schließwerkzeug
Bartmann Ziege
Baruch Krätze, Aussatz
Barval Wind
barvalo reich, wohlhabend
Basl Eisenbahn, Bahnhof
Basmaichl, *Basmeichel* weiblicher Geschlechtsteil, Tochter, Freimädchen
Basno Hahn
Bassel Kette
basseln beim Verhaften fesseln
Bassermann ein heruntergekommener Mensch, der durch sein Äußeres einen unheimlichen Eindruck macht
Bast Glück
Batachemerblut sein von der gleichen vertrauten Gesellschaft sein
Batoškos Gepäck
Battum Prügel, Stock
batzen ausruhen
Bau eine Anzahl Diebe oder Gauner b i s zu 10 Personen
bau sein loskommen, frei werden
bauen gehen

Bauer ein Dummer, Unerfahrener, der sich betrügen läßt
Bauernfänger Gauner, welche gewerbsmäßig Leuten aus niederen Volksschichten betrügerisch Geld oder Waren abnehmen
baulos blede machen ohne die Zeche bezahlt zu haben, davongehen
Baumelmann ein Erhängter, Gehenkter
Baumelmann machen sich erhängen
baumeln hängen
Bauplatz Glatze
Bausel Furcht, Angst
bausen sich fürchten, ängstigen
Bauser Furcht, Angst
bauserig furchtsam, ängstlich, feig
bays zwei
Beao Herr! gnädiger Herr!
bebaisse gehen sterben, zum Tod verurteilt sein
bebaisse tun umbringen, töten
beckern sterben
beckern }
beckern machen } (Polizei- und Wacht-) Hunde vergiften
bedallest ohne Geld, arm
Bedaur Post, Postamt, Postwagen
bedibbern besprechen, verabreden, zureden
bedienen betrügen, bestehlen
Bedil Zinn (zum Münzenfälschen)
beducht still, sicher, vertraut, zuverlässig, vorsichtig
Bedzem männlicher Geschlechtsteil
befilzen betrügen
beganfen }
beganwenen }
begaseln }
begasen } bestehlen, berauben
Beged Kleid
beger tot (s. *„pegern“*)
Begide }
Beginde } Angst, Furcht
begraben im Unglück, verhaftet, eingesperrt, verurteilt, verloren
behandeln bestehlen, anderen Gelegenheit zum Diebstahl geben
Behörde Polizei
bei Jom bei Tag, bei Tageshelle
bei Laile bei Nacht, zur Nachtzeit
bei Schein bei Tag
beichten ein Geständnis ablegen
Bein }
Beinl } öffentliche Dirne
Beinlinge Beinkleider, Hosen
Beinfraßinstitut Strafanstalt
Beiß Haus, Gebäude
Beiß Zwangsarbeitsanstalt
beiß zwei
Beißer belastender Zeuge; Dirnenbeschützer
Beißer frecher, verwegener Mensch
Beitze Ei; gewagter Diebstahl
beitze handeln vorsichtig stehlen
Beize Wirtshaus
Beizer Wirt
bejauchen betrügen
bekaan hier, hier im Gefängnis
bekabern begraben
bekahne sein im Gefängnis sein
bekanum da, hier, dahier
bekaskert betrunken
bekaspern bereden, übervorteilen, betrügen
bekauach gewaltsam
bekibbischen betasten, absuchen
beknast bestraft
beknasten bestrafen
bekneisen }
bekneissen } verstehen, wissen, erfahren, erkennen
bekoch }
bekojach } gewaltsam
Bekorg (Masematten) Einbruchsdiebstahl mit Bedrohung oder Verletzung des Bestohlenen
bekorg gewaltsam

belaile bei Nacht, zur Nachtzeit
Belamaunz weibl. Geschlechtsteil
belaxeln Beischlaf ausüben; betrügen
beleftof mit gutem Herzen
beleimen betrügen
beleimsen Beischlaf ausüben; stechen; stehlen, betrügen
Belifka Suppe
belinzen besehen, beschauen
Beller Hund
Belmach Soldat
Bemare Beweis, Bescheinigung
Belmonte weibl. Geschlechtsteil
Belmonte und Konstanz machen Beischlaf ausüben
belummern, *bemauscheln*, *bemeiern*, *bemogeln* } betrügen
benaches mit aller Gemütlichkeit
beneppen betrügen
Beng Teufel
Benga Gendarm
Bengippe Schlechtigkeit
Benk Teufel
benschen segnen, den Rest geben, vollends umbringen
Benscher kaltblütiger Messerheld
bequure legen verbergen, begraben
berabbeln bezahlen
berammen, *beramschen*, *berammsen*, *beramsen* } betrügen
berappen bezahlen
Berdacuni Fenster
berebbeln, *berebbern*, *bereimen* } bezahlen
Berg Gefängnis
Beriach Bolzen, Querriegel
berkog gewaltsam
Berliner Reisetasche
Bero Kahn, Schiff
Berrscheri Schäfer, Schafhirt
Bers Jahr
Berl Eisenbahn
berupfen betrügen
Bes Obdach, Haus
besamen vergiften, sterben
beschaskert betrunken
beschikkern, sich sich betrinken
beschikkert betrunken
beschmieren bestehlen; betrügen; beobachten (seitens der Polizei)
beschmoren betrinken
beschmort betrunken
beschnellen erschießen
beschochert betrunken
beschollen bezahlen
beschummeln betrügen
beschundeln verunreinigen, Notdurft verrichten; übervorteilen
beschuppen bestehlen; betrügen
beschwächen, sich —, *beschwudern, sich* — } sich betrinken
beschwulen betrügen
besech malochnen, *besechen* } aufmachen
beseibeln, *besefeln* } sich beschmutzen; betrügen
Besen Spielkarten, gekennzeichnetes Kartenspiel, mit dem betrogen wird
Besengarde Straßenkehrer
Beserl Zwanzighellerstück
beseveln sich beschmutzen; betrügen
besonder sein menstruiert sein
best zwei
bestieben bekommen, erhalten, gewinnen, bestehlen
Besug Öffnung
Besula, *Besulle* } Jungfrau
bet zwei
Beten Hand- und Fußschellen
Beth Haus
betrampeln betrügen (besonders beim Verteilen der Beute)
Bettfrau, bei der grünen — unter freiem Himmel

betuach, *betuch* still, sicher, vertraut, zuverlässig, vorsichtig
betucher Spieß ein Wirt, auf den man sich verlassen kann
Betuchschmier verborgen stehender Wachtposten
betuchter Kochemer Dieb, der geräuschlos einbricht, nicht raubt
betucke, *betuke* still, sicher, vertraut, zuverlässig, vorsichtig
Betüttesmacher Betrüger
Betze Ei; gewagter Diebstahl
beuli gehen freigesprochen, überhaupt enthaftet werden
beunzeln betrügen
Beyze, *Beyzim*, *Bezam* Ei; gewagter Diebstahl
bezinken, *bezinkenen* beschreiben, bezeichnen
bezinkt werden steckbrieflich verfolgt werden
bhari schwanger
bi ohne
Biaf Hochzeit
biberisch ängstlich, erschrocken
bibern lesen, beten; auch: gefrieren
bibern sprechen
Bibi Muhme (Anrede der Zigeunerinnen untereinander)
biboldo ungetauft
Biboldo Jude
Bickcheder Speisekammer
bicken essen, genießen
Bickgordel Kochkessel
Bicktiefe Keller
Bidandengero der Zahnlose
Bidevleskero der Gottlose
Bielefelder weiße Wäsche (bes. Vorhemd und Kragen)
Biene Frauenzimmer; Laus
Bienen Ungeziefer
bienen nach Ungeziefer suchen
Bienenzüchter einer, der immer Ungeziefer an sich hat
Bierzoddel Entlassungsschein aus dem Gefängnis, Zuchthaus, Arbeitshaus
Bihengst Wäschedieb, Bienendieb
Bijaf Hochzeit
Bijakeskero der ohne Augen
Bika Stier
Bikaneskero der ohne Ohren
Biko Schrot
Bilbul Verwirrung, Bestürzung; großer gefährlicher Prozeß
Bild'l (polizeiliche) Photographie
Biller Hund
Billert Baum
Bilovengero einer, der kein Geld hat
Bilzl Jungfrau, Mädchen
Bimm Glocke, Türklingel
Bimmer, *Bimmel* Glocke, Türklingel
den Bimmer überrutschen die Glocke festhalten, damit sie nicht schellt
Bimmelstrippe, *Bimmstrippe* Drähte der elektrischen Glocke
Bims Brot
Bimuther Taschendieb
Binakeskero der ohne Nase
Bindfaden Gerichtsdiener
Bing Teufel
Bink Mann, Sohn
Bink, aufg'schlangelter — gekreuzigter Heiland
Binken arbeitsscheues Gesindel
Bino Sünde
Bintetesi Strafe
biseautieren Karten zum Zweck des Falschspielens beschneiden
Bissert Schaf
Bissertbumser Schafhirt
bissig teuer
Bittern, einen — haben zornig sein
bizo gewiß, wahrlich
Blaff Hundegebell
blaffen bellen, anschnauzen
Blanke Tasche, Sack, Beutel

Blankert Wein
Blankmichel Säbel
Blasbalg Brust
Blase, *Bläse*, *Blasius* Wind, Wein
Blasmicherl Päderast
Blaswieden Haus, wo man Most erhält
Blategitte, *Blatekitte*, *Blathekieth* Diebsherberge, Unterschlupf für Diebe
blatt machen unter freiem Himmel schlafen
Blatte Gans
Blattebesieg Zimmertürschloß
blatteln kartenspielen
Blatter Räuber
Blattfinne Brieftasche, Schreibmappe
Blauer Schutzmann
Bläuer 100 Mk.- (100 K.-) Note
blauer August Gefangenen-Transportwagen
blauer Jagdhund (Spitzname für den) Schutzmann
blauer Sarg Gefangenen-Transportwagen
Blauflügel 100 Mk.- (100 K.-) Note
Blauhans Pflaume
Blauhosen Zwetschken
Blauling Milch
Blaumasl Detektiv
blaupfeifen einbrechen
Bleaml Blümchen, Dukaten
Blech Geld
blechen zahlen, Geld hergeben
Blechkappe, *Blechkopp*, *Blechreiter* (Spitzname für den) Gendarm oder Schutzmann
Blechseppl dummer Mensch
blede gehen, *blede machen* durchgehen, entkommen
Bleff Hundegebell
bleffen bellen, anschnauzen
bleffen jemanden auf Umwegen zur Aussage bringen
Bleffer Schreckwort, Drohung, Abschreckung; beim Hasardspiel: der, welcher so tut, als ob er gute Karten hätte
Bleffer anlegen jemanden erschrecken
Bleffer nehmen, auf den — — jemandem etwas vorhalten, um das Richtige zu erfahren
Bleibe Schlafstelle
Blembel Bier
Blende Fensterladen
Blende Spiegel; Laterne
Blendling Spiegel
bletzen sich begatten
Blickschlager Kleiderbettler
Blinde Fensterladen
blinde Flebbe falscher Paß
blinde machen Gelegenheit zum Diebstahl auskundschaften
Blitzableiter (Spitzname für den) Gendarm oder Schutzmann
blitzen erpressen
Blitzketerling Diamantring
Blocka Gitter
Blocki Fenster
Blöde Fensterscheibe
blöde machen entkommen
Blöffer Drohung, um jemanden von etwas abzuhalten; im Hasardspiel: derjenige, welcher so tut, als ob er nur günstige Karten hätte
blüah fallen zu kurz kommen, eingehen
blüah gehen davonlaufen, durchgehen
bluffen bellen, anschnauzen
Blüte, *Blüten* falsches Geld zum betrügen
Blütenstecher Gauner, die falsches Geld weitergeben
bobeln betteln
Bobler Bettler
Bochdame Leinwand, Tuch
Bochet Amtmann
Bochur Student; ein Beamter, der

die Gauner und ihre Sprache kennt
Bock Hunger, der Hungernde
Bockdam Leinwand, Tuch
Bodach öffentliches Haus
boder machen losbringen
bodi los, frei
bodi gehen (ohne Strafe) davonkommen, aus der Haft entlassen werden
Bogél Taschenuhr
böhmischer Zirkel Diebstahl
Bohnherr Anführer der Diebsbande
boker frühmorgens
Boker Ochs, Rind
Bolbulim Streit, Zank
Bolgermogen Polizeikommissär
Bolibö } Himmel, Welt
Bolipen }
Bolle } Uniform, insb. Strafanstaltskleidung
Bolli }
Bolontschero Nachtwächter
Bonni Hut
Bonum } Mund, Gesicht
Bonung }
Boob Ofen
Boos } Unterstandsgeber für Diebe
Boost }
Bordel Haus, Wohnung
Borlin Gans
boruch thiji! Antwort auf den Glückwunsch: „*Assusso!*“ s. d.
Borum Inbegriff der nötigen Sperrhaken, Stemmeisen u. dgl.
Bos Haus, Wirtshaus
bos dich! schweig!
Boscher Kleingeld
Boser Fleisch
bosgenen öffnen (z. B. Schlösser)
Boskart Fleisch
Bosler Isch Schmied
Bossenfetzer Fleischhauer
Bossert Fleisch
Bost Unterstandsgeber für Diebe
Bov Ofen
Boxen Hose
Boxl feuerfeste Kassa

Bozel Zwiebel; Taschenuhr
Brachmann Nuß
Bradi Kanne
Brakelmann Nuß
Brand Bier
Brander Bettelbrief, Drohbrief
Brandkessel anlegen von der Beute etwas unter Erpressung verlangen
Branntweingeld Schweiggeld, erpreßtes Geld, Abfindungssumme s. „*brennen*“
Braslet Schließeisen
Brassel Menge
brauges böse, erzürnt
Braujer Bohrer
Braune, der — } Gesäß
braune Kammer }
brauner Lappen 1000 Mk.-, 10 000 K.-Note
Braunhans Kaffee
Bräutigam Zuhälter
Bravinta süßer Branntwein
Bre Hut
Breda Hirn
bregen betteln
Breger Bettler
Breitfuß Gans, Ente
Breitkratzer Straßenwärter
Breitlaft Hochzeit; Verlöbnis
Breitloch Kirchhof
Breko Brust; Ufer, Land
Brendling Schnaps
Brennabor Schnapsflasche
brennen die bekannte Art der Gauner und Diebe, von denjenigen ihrer Genossen, die einen einträglichen Diebstahl, Betrug usw. begangen haben, sich einen Anteil zu holen (= „*Branntweingeld*“), oder durch Drohung mit der Anzeige zu erpressen; jemandem schaden, auch: in Haft sein
Brenner einer, der so (s. „*brennen*“) vorgeht
brennern aufbrechen

Brenngeld Schweiggeld (s. *„brennen“*)
Breslauer Geldstück; großes Glas Schnaps; großer männlicher Geschlechtsteil
Brettling Tisch
bretzeln ohrfeigen
Bretzen Handschellen
Bretzen machen sterben
Brewul Abend
Brief Karte, Nachweis
Brisind Regen
Briß Idee, Gedanke
Brißge Geschwister
Brli Biene
Brodgötze heilige Hostie
Brösel Tabakspfeife, Tabak
Bruch in schlechter Kleidung, Not
Bruchflebben defekte Ausweispapiere
Bruchkadett ein Zerlumpter
Brudel Jude
Bruder, warmer — Päderast
Brüder Gemeinschaft der Zuhälter, Komplizen
Brüller Edelstein, bes. Brillant, Diamant
Brumjer Bohrer
brumjeren bohren
brummen absitzen, abbüßen
Brummer Gefangener; Schußwaffe
Brunger Bohrer, Diebswerkzeug zum Öffnen von Türen und Fenstern
brungern bohren, mit dem Bohrer öffnen
Brunjer s. *„Brunger“*
brusten Streit, Schlägerei anfangen
Brustfleck Brieftasche
Bsaffot Brief
Bschunderlin Edelmann
Bsulle Jungfrau, Mädchen
Bua Dietrich (aus einem Nagel oder Draht)
Bub des Zimmermanns Jesus Christus
Bube Dietrich (aus einem Nagel oder Draht)
Bucht Pferch (= umzäunter Raum)
Budara Türe
Budelhupfer Kaufmann, Kundenbediener
Budement Hundevergiftung (bes. durch Krähenaugen)
Buditscha Angel
buffen übernachten
buffen in Diebstahlsabsicht Schaufenster einschlagen
Bug, einen — machen sterben
Bugchinypen Durchfall
Bugmacher der Komplize, der (beim Falschspiel) das Opfer zum Spiel verleitet; der Komplize, der (bei den „Ringwerfern“) den Ring findet; der den Ring fallen läßt
Bukko Eingeweide
Buklo Schloß, Vorlegschloß
Bul Hinterteil, Gesäß
Bultuna Ware
Bumbser Hirt
Bummer Ochs
Bummerle Apfel
Bunken arbeitsscheues Gesindel
Bura Gebüsch; Sturm
Burcos Höhle
Bürgerbrief Gefängnisentlassungsschein
Burnek eine Handvoll
Burrada Stoß
Buschkeilen Beinkleider, Hosen
Buschklepper ein Nichtstuer, der die Sommerszeit im Freien zubringt
Buselwieden Haus, in dem man Fleisch erhält
Buserl Fleisch; Päderast
Buskeyen Beinkleider, Hosen
Busl Fleisch; Päderast
but viel
Butt Hafer

butten essen
Butten Fleisch, überhaupt: Essen; Arrest, Haft
Butter Aufpasser, Posten (um vor Überraschung zu sichern)
Butter stehen aufpassen, vor Überraschung sichern
Butz Polizist, Gendarm
Butzeimann / *Butzemann* } Spaßvogel; auch: Lump
Buxen Hosen
Buzni Ziege

C

Cachot dunkler Kerker
Čačipe Wahrheit
Čačo das Wahre, Richtige
Cagnotte verbündete Falschspielergruppe
Cak Vetter, Freund, Genosse
Caklo Glas, Fenster
Calisen Tod
Čam Gesicht
Camos Zaun
Čandlo Fuchs
Caneckos Biß
Čang Knie
Čapibe Prügel
Čaplaris Wirt
Capni Frosch
capores gehen verderben
Caprosche Diebsbande
Caprosche machen mit der Diebsbande halten
Čar Gras
Čaro Schüssel
Čarvi Huhn
Caspar Lügner, Schwindler
caspern schlagen; ausfragen (vgl. auch: *„kaspern“*)
Casser Schwein
Casserbossert Schweinfleisch
Čavo Kind
Cawer Grube, Loch; Verbrechensgenosse
cawern graben
Cekat Stirne
Cercha Pflaster, Zelt, Leintuch
Chaben das Essen
Chaber Diebsgenosse, Freund
chaddisch neu
Chadum Säbel
Chadzerdibaro Flamme
Chailoff Hund
Chaim Jude; der jüdische Dieb unter christlichen
Chaing Brunnen, Quelle
Chajes Leben
Chajes lakechen das Leben nehmen, töten
chalchen gehen
Chalderapes Raub, Einbruch
Chalfan einer der beim Geldwechseln stiehlt
chalfen beim Geldwechseln stehlen
Chalfener / *Chalfer* } einer, der beim Geldwechseln stiehlt
Chalferfahrt Reise, um dabei zu *„chalfen“*, s. d.
Challe Diebstahl, bei welchem (aus Aberglauben) ein Teil des Wertes zurückgelassen wird, damit die Tat nicht gleich entdeckt werden soll
Challe handeln unbemerkt einiges aus dem Nachtlager (Wirtshaus usw.) mitnehmen, wobei sich der Dieb nicht sogleich heimlich davonschleicht (wie beim sog. *„Pleite handeln“*), sondern sich erst morgens, ohne Verdacht zu erregen, offen verabschiedet
Challe schlagen einen Teil des entwendeten Gutes vor den Genossen unterschlagen
Challon / *Chalon* } Fenster, Mond
Chaln Fenster
Chalof Milchdieb
Chalonkaspern Erkennen des Gauners und gegenseitiges Verständigen durch Zeichen, Blinzeln, Winken, Singen, Beten,

Gestikulieren usw.; s. auch: *„Zinkensprache"*
Chammer dummer, beschränkter Mensch
chandel speisen
Chaneo Ring
changieren verstecken; betrügen
Chanig Brunnen, Quelle
Charazie Kinder
Charengro Polizist, Gendarm
Charkom Kupfer
Charkomen Messing
Charlottenburger Reisetasche, Reisegepäck
Charmi Brust, Brustkorb
Charo Säbel
Charo Teig
Charpe Schande Schimpf
Charr Knochen
Chasne Hochzeit, toller Lärm, gewaltsamer räuberischer Überfall oder Einbruch
Chasne handeln mit offener Gewalt einbrechen
Chasser Schwein, widriges Ding
Chassime Zeichen, Siegel
Chassime handeln betrügerischerweise Wertvolles mit Wertlosem vertauschen
Chattes schäbiger, niedriger Mensch
chau — s. auch: *cho* —
chaule krank, gefangen, mißlungen, unglücklich
Chaumelei Hurerei
Chaumeler Hurer
chaumeln huren
Chausseegrabentapezierer einer, der im Straßengraben liegt oder diesen verunreinigt
Chawer Teilnehmer, Gehilfe beim Verbrechen; Kuppler
Chäwre } Diebsgesellschaft,
Chawrusse } Diebsvereinigung
Cheder Zimmer, Kammer, Schulzimmer
Chefure machen Gestohlenes vergraben
Cheider Zimmer, Kammer, Schulzimmer
Cheileflicht Taschendiebstahl
Cheilefzieher Taschendieb
Cheilefzug Taschendiebstahl
cheinen leben, bestehen, sich ernähren
Chelef Talg, Seife, Fett
Chelefzieher Taschendieb
Chelic von der Gnaife geben die Diebsbeute teilen
Chembene Bude
Chemme Butter
chennet sein ein anständiger Mensch, artig sein
Chenwene Kaufladen, Jahrmarktbude
Cherami Armband
Cherillesgänger Dieb, welcher in der Abenddämmerung, besonders bei stürmischem Wetter, stiehlt
Cheroj Fuß
cheschbenen rechnen, berechnen, zählen
Cheschek Lust, Begierde, Freude, Fest, Theater
cheß klug, gescheit; alles, was einem gefällt
cheß sein heißt: Raub, Diebstahl, Betrug nicht für unerlaubte Handlungen ansehen
Chesse Diebsherberge, Unterkunft, Schlupfwinkel
Chessen Gauner und deren Vertraute
Chessenpenne Wirtshaus, wo Gauner Zuflucht und Vorschub finden
Cheuder Zimmer, Bude, Absteigquartier
Chev Fenster, Loch
Chewel Strick, Bande, Rotte; Schmerz, Geburtswehen
chilfen } beim Geldwechseln
chilfenen } stehlen
Chilfener } einer, der beim Geld-
Chilfer } wechseln stiehlt

Chilferfahrt eine Reise um dabei zu „*chilfen*", s. d.
Chilles Anfang, Beginn, Abend
Chindalo Abort
Čhindokani Jude
Čhip Zunge
chipesen, *chipischen* suchen
Chippesch, *Chipposch* Untersuchung, Streifung; ärztliche Untersuchung der Dirnen; Arzt, Beamter selbst
Chlais Milch; (Silber-) Geld
Cho splendider Mann, „Wurz'n"
Chochamer, *Chochem*, *Chochemer* geschickter, durchtriebener Gauner, Dieb
Chochemerbeiser Gaunerbeherberger
Chochom, *Chochum* geschickter, durchtriebener Gauner, Dieb
chochum loschen in der Geheim- oder Gaunersprache reden
chojle krank, gefangen
chojle gehen sterben; verhaftet werden; schlafen gehen
chole krank, gefangen, mißlungen, unglücklich
cholemen träumen, glauben, sich einbilden
es hat mer gecholent es hat mir geträumt, es ist mir so vorgekommen, als ob ...
Cholof Milch, Rahm
Cholof Hose
Chome Mauer, Wand
Chomeresgro Brot
Chomes batteln Verdächtiges sofort aus dem Hause schaffen, vor Entdeckung, Beschlagnahme sichern
Chomez Essig
Chomez schlechter Mensch
Chomez batteln s. *Chomes batteln*
Chonte öffentliche Dirne
Chontebajs öffentliches Haus
Choren Perlen
Choschech Finsternis, günstige Zeit zum Diebstahl
Chossen Bräutigam, der zu Bestehlende
Chova Hand
choze halb
choze Lewone Halbmond; halbkreisförmiges Ausbohren eines Schlosses aus Türen u. dgl.
Chozer Hof, Vorhängeschloß, Schloß überhaupt
Chazir Gras, Grünes; das Freie
Chu splendider Mann, „Wurz'n"
Chulei Mann
chülfen beim Geldwechseln stehlen
Chülfer einer, der beim Geldwechseln stiehlt
Chundunar Soldat
Chunebeiß öffentliches Haus
Chut Faden, Schnur, Knebel
chutrinav graben, scharren
Chyu Höhle
Čibalo Richter, Bürgermeister
Cihraj Stiefel
Čil Butter, Fett
Cilo Pfahl
Čindo Jude
Čінen Tinte
Cingerdo Bohrer
Cipa Haut, Baumrinde
Čipejuša Schuh
Čiriklo Vogel, Huhn
Cirki Fett
Clamotten (allgemeine Bezeichnung für) Geld
Classeim Gewehr, Pistole
Classeimehändler Büchsenmacher
Club eine Anzahl Diebe oder Gauner bis zu 10 Personen
Cokalos Fuß, Bein
Collex Genosse
Colonel Hausherr, in dessen Wohnung falsch gespielt wird
Combo Schenkel
Commentmutter Kupplerin

Commers machen Berufs(falsch-)spieler sein
Commerciant Berufs(falsch-)spieler
Commerse machen s. *„Commerce machen“*
Čon Monat
Čor Dieb, vgl. *„Tschorr“*
Coschech Finsternis, günstige Zeit zum Diebstahl
Coupe falsches Abheben beim Kartenspiel
Coyme Pächterhaus, Bauernhaus
Čudasina Wunder
Čuknari Henker
Cumidibe Kuß
Cumpanie Uhr
Curi Messer
Cutze Topf
Cvizi Hammer
Cylindervergolder Päderast
Czabo Sohn
Czaj Tochter
Czamm Leder
Czammerdo Papier
Czang Knie
Czaplaris Wirt
Czaro Schüssel
Czecherl niedrige Kneipe, Spelunke
Czeppo Brust
Czi Herz
Czik Kot, Schmer, Butter; Kautabak
Czocha Weiberrock
Czuppni Peitsche
Czuvli Weib
Czuzi Zitze, Brüste

D

Dab Hieb, Wunde
dabbeln wandern
Dabbelschickse Begleiterin der *„Kunden“* s. d.
dabbern } reden, sagen, plaudern
dabern }
Dachhase Katze
Dachl Schirm; Hut
Dad } Vater
Dade }
dafnen beten
Dag Fisch
daggern fischen
Daj Mutter
dal arm
dalfen arm, Bettler sein, betteln
Dalfer Bettler
Dalfkunde Bettler, der sich mit allem begnügt
dalken verprügeln
Dallas Armut; Verlegenheit, Verdachtsgrund
dalled vier
Dalles Armut; Verlegenheit, Verdachtsgrund
Dallesbruder } ein Heruntergekommener
Dalleskrämer }
Dalleswinde Arbeitshaus
Dalli, greane — falsche Angabe, Aussage
Dalli, greane — zudrah'n } falsche Angabe machen
Dalli, greane — zuwichsen }
Dalme } Schlüssel, Dietrich
Dalmer }
Dalmerei Schloß
Dalmernekef Schlüsselloch
dalmisch schlagen, betrügen, stehlen, bestehlen
Dalthalmi Schlüssel, Dietrich
Dame Leinwand, Tuch
Damm Blut
Dampf geben davonlaufen
Damuk Daumen
Dannegaul Hahn
Danner Sonne
dappeln gehen, kommen, wandern; Beischlaf ausüben
Dappelschickse wandernde Bettlerin u. dgl.
Dar Furcht
Daraza Wespe
Darm Band, Strick, Seil

Daschmanuces Feinde
dawnen beten, bitten
Däz Kopf
debern sprechen
debern rauchen
Decke Versteck, Kupplerin
Deckel Gendarm
Deckelspiel Spiel mit Fingerhut und Brotkügelchen, wobei gewettet wird
decken schlagen; auch: „die Mauer machen"
Deele Tür
Deez Kopf
defftig tüchtig, derb, gerade
Defisse, *Defus* Wachsabdruck von Schlüsseln, Schlüssellöchern
Degel Fahne, Kleid
deisen schlagen
deissen schütten, einschenken; schlagen
dekaf rufen
Deles Tür, besonders Haustür
deppern ausplündern
Derchner Bettler
Derech Gang, Weg, Straße
Derechbarsel Eisenbahn
Derling Würfel; viereckiger Warenballen
derrlen mit Würfeln spielen
Desto Hackenstiel, Beilstiel
Detz Kopf
deufen gehen betteln gehen, (um zu stehlen)
Deutsch, *Deutschecheder* Hohlschlüssel (s. „*Echeder*")
Deutschpurim Bund deutscher Diebs- und Nachschlüssel
deutsche Reichskäfer Ungeziefer
Devel Gott
dewern sprechen; rauchen
Deza Schnur
Diafling Kellner
dibbeln s. „*dibbern*"
Dibber Rede, Sprache
dibbern reden, sagen, plaudern
dick schwanger
dick machen schwängern
Dicke Versteck, Kupplerin
Dicke machen sich vor den Taschendieb stellen, um die Aufmerksamkeit Dritter abzulenken
dicke Marie wohlgefüllte Brieftasche
Dickmann Ei; männlicher Geschlechtsteil
dieren (lüstern) ansehen
Dierling Auge
Dietz (Abkürzung für) Dietrich
Difel, *Diffel*, *Diffele* Kirche, Kapelle, Tempel
Difling Kellner
diftelig geschickt, gründlich
difteln geschickt stehlen
Dilinipi Dummheit
Dillche, *Dille* Mädchen, Tochter, Dienstmädchen (s. „*Tille*")
Dilmisch dummer Mensch, Narr
Dilmisch machen sich dumm stellen
Dimosdab Wunde
Dine Nefoschos Strafrecht
dinef verloren, unglücklich
Ding drehen ein Verbrechen begehen
Dingerl kleiner Diebstahl
Dinnef Kot
dipeln gehen, kommen, laufen
Dirach Weg, Landstraße
Dirach Teufel
dirachen (eine Gegend) abbetteln, abstehlen
Dircher Bettler von Haus zu Haus
Disputierer langer Hakenstock, um aus Fenstern u. dgl., in die man nicht einsteigen kann, etwas herauszulangen; aber auch, um sich in Gefängnissen Verschiedenes zukommen zu lassen; s. auch: „*Eisenbahn*"

Disputierer Auslagendieb
Ditschkerl Bajonett, Seitengewehr
Div Korn, Weizen
Dives Tag
Diz Schloß, Amt
Dlazoci Silbergeld
Dobes Gefängnis
dobes gefangen
dobes genommen in Arrest gekommen
dobes schefften gefangen sein
dobes zupfen eingesperrt sein
dochen betteln, hausieren
Dockum Fisch
dofel alt
doff fein, gut, pfiffig
Doges Gesäß
Dohle Freimädchen
Dolch Gericht
Dölle Mädchen, Tochter, Dienstmädchen
Döller Beil, Axt
Dolman(n) Galgen
dolmen henken, hinrichten, umbringen
Domra Magen
donihandeln, *donilahnen* (Gestohlenes) wegwerfen, wegschaffen
döpken spielen
Döpkenspieler herumziehende „Glücksbuden“-Besitzer, welche allerhand anlockende Gegenstände auflegen und die darum spielenden Dummen um ihr Geld zu bringen wissen
Doppel, *Doppler* (früher: 10 Gulden-, jetzt:) 20 K-Note; 10 Jahre Kerker
dorchen betteln, hausieren gehen
Dorf Kleidertasche, besonders rückwärtige Hosentasche, (wo gewöhnlich Geld verwahrt ist)
ins Dorf gehen und Moos holen einen Taschendiebstahl ausführen
Dorfdrucker, *Dorfdrücker* Taschendieb
Dörfl Strafanstalt (insbesondere die in Wr.-Neudorf)
dörgen betteln, hausieren
Dorik Schnur
dormen schlafen
Dormes Topf, Schüssel; Hafen
Döse Zwangsarbeitsanstalt
Dounih Seife
dowes gefangen (s. „*dobes*“)
Drab Wurzel, Arznei
Drahn Hebebaum (zum einbrechen
drah'n einbrechen
Draht Geld
Drak Traube
Drängler einer, der Gedränge verursacht, um dem Andern beim Taschendiebstahl behilflich zu sein
Drao ein Zigeunergift, mit dem sie krank machen und töten können (sollen)
Dreckschwalbe Maurer
Drehrum Nachschlüssel
auf — handeln mit Nachschlüssel stehlen
Drehwinde Irrenanstalt
Drei, *Drie* s. „*Drao*“
drillen mißhandeln, quälen, nekken
Drillhaus Strafanstalt, Zuchthaus, Kaserne
Drittling Fuß, Schuh
Drittlingpflanzer Schuster
Drohn Hebebaum (zum ausheben von Eisengittern u. dgl.)
Drom, *Dromme* Weg, Straße
Drommeine Geldstück
Drong Hebebaum (zum ausheben von Eisengittern u. dgl.)
drücken einen Taschendiebstahl verüben
eine Padde drücken eine Geldbörse stehlen

eine Luppe drücken eine Uhr (aus der Tasche) stehlen
Drücker Taschendieb
Dry ein Zigeunergift, mit dem sie krank machen und töten können (sollen)
du ein har! flieh, lauf fort!
duchenen eigentlich: segnen; dann: stehlen vor den Augen des zu Bestehlenden (z. B. im Kaufladen)
Ducho Geist, Atem
Dud Licht, Kerze
Dudeskri Lampe
Dufft, *Düfle*, *Dufle* Kirche, Kapelle, Tempel
Duft zünftiger Vagabund
duft gut, schön, tüchtig, zuverlässig
dufte Bude eine Wohnung, in welche Mädchen ungeniert Männer mitbringen können
dufte Olle Wirtin, die gegen Bezahlung ein Zimmer zum Geschlechtsverkehr überläßt
dufte Winden Häuser, in denen man etwas bekommt, in denen etwas zu holen ist
dufter Junge schlauer Dieb oder Gauner
dufter Kunde zünftiger Vagabund
Duftimann Frühling
Dukh Schmerz
Dullgoi der (meistens arme) christliche Schulmeister, Lehrer
Duma Kirche, Kapelle
dumm machen übervorteilen, begaunern
Dumme Kirche, Kapelle
Dummel Schlagring, Handwaffe zum schlagen
Dumo Rücken
Dumuk Faust
Dunkelwüst Nebel
dünne machen entfliehen
duppern gehen
Durchbruch Diebstahl mit Türausheben
durchmackenen durchhauen, durchstechen
Durchzug Faden, Zwirn
Durker Wahrsager
durkern wahrsagen
Durma Erde, Erdboden
dürmen, *durmen* schlafen
Durmwinden Haus, in dem man übernachten kann
Dusse Schloß, Vorhängschloß
Dussemelochner Schlosser
dussen aufsperren, zusperren
Dussenmelachner, *Dussenmelochner* Schlosser
Dut Licht, Kerze
Duvar Türe
Dzaralo (der Haarige), Hund
Dzi Herz
Dzov Hafer
Dzukel Hund
Dzurje Messerspitze
Dzuv Laus
Dzuvalo einer, der Läuse hat
Dzuvli Frauenzimmer

E

ebbes etwas, ein wenig, irgendein
Ebbes das gestohlene, beim Betrügen erworbene Gut
Eche Jammer, Elend, Klage
Echeder (einfacher) Dietrich (mit h o h l e m Rohr)
Echelicht düsteres Licht
echen klagen, jammern
Echetel Strafanstalt, Zuchthaus
Echoder (einfacher) Dietrich (mit h o h l e m Rohr)
Eck, das — machen sterben
Eckbre Brücke, Steg
eckenen Kot abgeben; (diesfalls besteht unter Dieben der Aberglaube, daß der Diebstahl nicht

entdeckt, der Täter nicht erwischt wird, solange die Kotmasse noch warm ist)
Eckener einer, der solches (s. „*eckenen*") tut
Ed Zeuge, Freund, Genosse, Partner im Spiel
Ed schecker falscher Zeuge
Ede s. „*Ed*"
Edo, *Edus* } Zeugnis, Zeugenaussage
Efer Asche, Erde, Staub
Efta sieben; Woche
Eid Zeuge, Freund, Genosse, Partner im Spiel
Eidgenossen Flöhe, Wanzen, überhaupt Ungeziefer
Eidim Mehrzahl von „*Eid*", s. d.
eindecken Kot abgeben; (diesfalls besteht unter Dieben der Aberglaube, daß der Diebstahl nicht entdeckt, der Täter nicht erwischt wird, solange die Kotmasse noch warm ist)
Eindecker einer, der solches (s. „*eindecken*") tut
Eindeisser Wirt; Fälscher von Zeugnissen
eindippeln einsteigen
eindillen gefangennehmen; Beischlaf ausführen
eindrongen mit Gewalt einstoßen, aufbrechen
Eingeweide das im Opferstock, Kasten, Schrank u. dgl. aufbewahrte Geld
einhängen laufen; raufen
einireissen belasten (durch Angaben)
einjoschen, *einjoschenen* } einschlafen
einketschen einreichen, z. B. *Geflitter* — eine Bittschrift einreichen
einkinjenen einkaufen
einkuffen (in Verschlossenes) eindringen
einlochen einsperren
einlockechnen einnehmen
einnähen einsperren
einpfeffern einen, der schon im Unglück ist, noch tiefer hineinbringen; gegen einen Verhafteten derartiges angeben, daß er bestraft werden m u ß
einpuppen einkleiden
einschabbern (in ein Haus) einbrechen
einschenken prügeln
einseifen betrügen
Einsetz Untersuchung, Haft
einspritzen (Fenster) eindrücken
Eintippel Zusammenkunftsort der Gauner vor oder nach der Tat
eintippeln einbrechen; in Untersuchung kommen, hineingehen
Eintippler Einbrecher
Eintreiber einer, der Leute zum (falschen) Spiel aufmuntert, dem eigentlichen Gauner Opfer zuführt
einwickeln betrügen
Eisbär schneiden einen Einbruch vorbereiten
Eisch Feuer, Brand
Eischer Brandstifter
Eisef Kraut; Kau-, Rauch-, Schnupftabak
Eisef schweichen Tabak rauchen
Eisen! alles in Ordnung!
Eisenbahn langer Stock mit Leinwandsack, um sich aus Arrestfenstern Geschriebenes, Eßwaren u. dgl. zuzustecken; der Gegenstand kann auch bloß an einem Faden befestigt sein und wird dann (z. B. durch pendeln) in die gewünschte Richtung geleitet; (vgl. auch „*Disputierer*")
Eisener, *Eisener Mann* *) } Rathaus

*) Vom Wahrzeichen W i e n s, dem auf dem Rathausturm aufgestellten eisernen Ritter, abgeleitet.

Eitz Holz
Eitzbajes Polizeidienstgebäude
ek ein
Ekuva Pflug
ekvar einmal
Elefer 100 K-, 1000 K-Note
Elemer Schuhe
elesnoi scharf
Eleto Leben, Lebensmittel
Elewer 100 K-, 1000 K-Note
Elle Brecheisen, Brechstange
Ellemer, *Ellenmänner* } Schuhe
Emmchen Mark(stück)
emmes wahr, wahrhaft
Emmes Wahrheit, Geständnis; Versammlungsort der Diebe
Emmes beputzen das abgelegte Geständnis berichtigen oder widerrufen
Emmes machen, *Emmes pfeifen* } gestehen, die Wahrheit sagen
Emmes putzen s. „*Emmes beputzen*"
Endegrü Grenze; Freiheit
Engelmacherin Kinderpflegerin, die Kinder in Kost nimmt und „zu Engeln macht", d. h. bald sterben läßt, (z. B. in Schweiß bringt und dann der Zugluft aussetzt)
Englischwelsch Hauptschlüssel
Ennevotenne machen betrügerisches Eintauschen von wertvollen Sachen gegen wertlose
epaš halb
eppes etwas, ein wenig, irgendein
epl! schweig!
Erbsien Strafanstalt, Zuchthaus, Landesgericht
erdavoi schlecht
Erdmann Topf
Erdweinbeeren Kartoffeln
Eref Abend, Abendzeit
Erefgänger, *Erefhalchener*, *Erefhändler*, *Erefschieber* } Dieb, der abends stehlen geht
Erez Erde, Land
Erio der Böse
Eritz de Buchine Kartoffeln
Erlat Meister
Erlatin Meisterin
Erle Mann, Vater
Erni Feile
erobern auf strafgesetzwidrige Weise sich Geld beschaffen
erpumpt erstochen
esav ich esse
Esch Feuer
eschkoch sein sich in Acht nehmen, vorsehen
esch kochem vorsichtig, schlau, durch Erfahrung klug geworden
Esche Mutter; Geliebte
Esches Gauner- oder Vagabundenerzählung
Esef Kraut; Kau-, Rauch-, Schnupftabak
Esefkelle Tabakspfeife
Esek Arbeit, Geschäft, Fleiß; Diebstahl; Elend, Epilepsie, Krämpfe
eseln schwere, angestrengte Arbeit verrichten (und dabei trotzdem nichts erreichen)
Eskocker, *Eskoker* } Wohnungseinschleicher
esmol gestern
Essig Unglück, ergebnislos
esterel angreifen, packen
Ette Vater
Etz Holz
Eule nächtlicher Sicherheitsbeamter, Nachtwächter
Eva Schüssel
Ewen Stein (jeder Art)
Ewenbochan Probierstein für Gold

Ewenchome
Ewenchossel } Steinwand, Mauer
Ewenkir
Ewentow Edelstein, Juwelen
Ewil Narr, Tor, Sünder
Ewus Stall
Eza Rat
Ezba Finger, besonders Zeigefinger
Ezebajis Rathaus
ezeros tausend

F

Faber Schinder
fabern schinden
Fabian Hunger; Schwätzer, Aufschneider
facheln schreiben
Faci Sträflinge, welche zu Hausdiensten verwendet werden
fackeln schreiben
Fackler Schreiber
Factum das gestohlene Gut, Diebsbeute
Fadin Frost
fadinoi erfroren
Fahn Kleid; oder =*„Eisenbahn“*, *„Disputierer“*, s. d.
Fahne Taschentuch
Fahne tragen, die — — die ganze Schuld auf sich nehmen, um Mitschuldige zu entlasten
Fahrt Bettelgang
auf die Fahrt gehen zum betteln, stehlen, ausgehen
Fahrt, von der — sein einer Schinderfamilie angehören
Faischel Jude; der Stinkende
Faizrile Morgen
Faktum das gestohlene Gut, Diebsbeute
Faktümer Mehrzahl von *„Faktum“*, s. d.
Falbajs Hurenkneipe
Falderapes Raub, Einbruch
Falle eine verfängliche Frage
Falle machen beim Spiel dem Betrüger zureden, damit er auf das (für ihn scheinbar schlechte) Spiel eingeht
Falle reissen falsche Tatsachen vorspiegeln
Falle schieben jemandem durch anscheinend wohlwollendes Zureden ein Geständnis entlocken
fallen verhaftet werden; eingestehen, verspielen
Fallenmacher
Fallenmelochner } einer, der dem Falschspieler Opfer zuführt
fallmachen zum (falschen) Spiel verlocken
Fallmacher s. *„Fallenmacher“*
Falo Wand
fangen stehlen
Fänger Kriminalbeamter
Fantemer Kinder
Fartzer Auslagendieb
Fasch Blut
Fassade Gesicht
Fäume Hand
faul schlecht abgelaufen, verdächtig, gefährlich, nicht verschwiegen
Fauler Kriminalbeamter
fauler Junge Verräter
febbern
febern } machen, schreiben, schneiden, betteln
Fechtbruder Bettler
fechten betteln
Fede Herberge
Fedelo Dach
Federn Angst, Furcht
Federnhändler
Federntandler } Feigling; Gendarm*)
fegen. ausräumen, stehlen
Fehberer Schreiber, Beamter
Fehbergatten
Fehberl } Bleistift
fehbern schreiben
Fehm
Fehme } Hand

*) Die Gendarmen trugen nämlich szt. auf ihren Tschakos wallende Federbüsche.

Fehmer } Schreiber
Fehmerer }
fehmern schreiben, abschreiben
Fehmerschwarz } Tinte
Fehmerschwärze }
fein schmallern hochdeutsch reden
feiner Schmee hochdeutsch
Fekele Geschwür
Felberer Schreiber, Beamter
Felbergarten } Bleistift
Felbergertel }
Felberl }
felbern schreiben, abschreiben
Feldhühner Kartoffeln
Feldkonditor Ziegelmacher
Feldmann } Pflug, Egge
Feldmännle }
Feldschabber Pflugeisen
Feldzug schmieden den Diebsplan vorbereiten
Fellinger Marktschreier
Feneten Augen
Feneter Fenster
Fennche Stück, Stückchen
Fenne Kasten
Fensterhapper Fensterdieb
Fensterladen Augen
Fest Blei an den Fenstern
fett reich
Fetter } reicher Liebhaber
fetter Kober }
Fettläppchen Tuchmacher
Fettling Speck; Schmalz
fetzen machen, tun, abschneiden, reißen, herunterreißen, stechen, schneiden
Fetzer Schinder, Metzger; Dieb, der zuerst z. B. Stricke, Plachen u. dgl. durchschneidet und dann Pakete vom Wagen stiehlt
Fetzerine Schere
Feuerbrod Rauchfang
Feuermann Staatsanwalt
Fevenjo Land, Erde
fewern machen, schreiben, abschreiben
Fiakros Diener
Fieberer Schreiber, Beamter
fiebern schreiben
Fichte Nacht
fichtegehen bei Nacht stehlen gehen
Fichtegeier nächtlicher Räuber, Dieb
Fichtenbauer Taschendieb
Ficke Tasche, Sack
Fickerei Streifzug
fickern herumstreifen
Fiesel Junge, Bursche; besonders: Dirnenbeschützer
Filage das Abziehen der bezeichneten Karten beim falschspielen
filoutieren betrügen, prellen
fin fein; schlau
Findchen Arbeitsbuch, Paß; Wandern
finden stehlen
Finder Dieb
Finke Mann, Bursch, Handwerker (mit Nebenbegriff des Verschmitzten); auch: Geld; männlicher Geschlechtsteil
Finkel Hexe
Finkel Küche
finkelen kochen, braten, brennen
Finkeljochen Branntwein
finkeln s. „*finkelen*“
Finkelschieber Kücheneinschleicher
Finkl Feuer
Finne Laden, Kasten, Behältnis jeder Art
Finni Schnaps
Finsterling Geistlicher
Fips Schneider
fischen stehlen
Fischer Dieb
Fischneß Weste; auch: Zwangsjacke
Fistl Dummkopf
fistl unerfahren, dumm
Fitz Faden, Zwirn
fitzen nähen, ausbessern, flicken
Fix-Fax Täuschung

Fizika Gewehr, Pistole
Flabbe hervorstehender Mund, entstelltes Gesicht
flachen nehmen, gefangennehmen
Flachs Haar; Geld
flachsen streicheln, schmeicheln, betrügen
Flackerei Brandlegung, Brand
Flackerfahrer Brandstifter
Flackerfahrt Brandstiftung
flackern brandlegen
Flader Brand, Feuer
Flagge, falsche — falscher Name
unter falscher Flagge segeln unter falschem Namen leben
Flamme Halstuch, Sacktuch, Schürze
flammen Licht machen
Flammer Schmied; auch der, welcher beim Diebstahl den andern leuchtet
Flammer Diebslaterne mit Blender, zum verdunkeln eingerichtet
Flammert Halstuch, Sacktuch, Schürze
Flammert Schmied, Schlosser
Flammertipp die von einem brennenden Kerzenlicht (z. B. während des Einbruches) abgefallenen Tropfen, die sich bei solchen Dieben auf Kleidern und Schuhen vorzufinden pflegen
Flamoh Hunger
Flanellwache halten | *Flanellwache stehen* } sagt man nur von verheirateten Dieben, wenn sie sich durch die Flitterwochen abhalten lassen, ihren alten Verkehr fortzusetzen
flanieren | *flankieren* | *flannieren* } in Diebstahlsabsicht herumstreichen
Flapp | *Flappe* | *Flapps* } hervorstehender Mund, entstelltes Gesicht
flappsen küssen
Flatterfahrer einer, der besonders auf Diebstahl von Wäschestücken, die auf Böden aufgehängt sind, ausgeht
Flatterfahrt Diebstahl der zum trocknen auf Dachböden aufgehängten Wäschestücke
Flätterling alles was fliegt; Vogel
flattern waschen
Flattern zum trocknen aufgehängte Wäsche, die gestohlen wird
Flauen Betten, (richtiger:) Bettfedern
Flauenfahrt Bettendiebstähle ausführen
flaxen narren, aufziehen
Flebbchen Steckbrief
Flebbe jede Urkunde, Paß; Zeitung, Zeugnis
Flebbe, blinde — falsche Ausweispapiere
flebben Ausweispapiere prüfen, nach solchen fragen
Flebbenmelucher Urkundenfälscher
Flebbenträger Briefbote
Fleck Brieftasche; Ohrfeige
Fleckmacher Brieftaschendieb
fleddern | *fledern* } bestehlen (besonders schlafende Personen), vgl. „*Leichenfledderer*“
Fleischmann Gaunerverfolger, Polizeimann, Gendarm, Verräter; Gehilfe des Scharfrichters
flennen den Mund verziehen (zum weinen, besonders aber zum lachen)
Fleppchen Steckbrief
Fleppe jede Urkunde, Paß; Zeitung, Zeugnis
fleppen (jemanden) zur Ausweisleistung verhalten
Fleppenfackler | *Fleppenkaswener* | *Fleppenmelochner* } Urkundenfälscher

Flette s. *„Fleppe"*
fliegen gestehen; verhaftet werden
Fliegen legen (jemanden zum Spiel) verleiten
fliegender Puff Transportwagen für (mit) Dirnen
Fliegenfanger Narr; in Einzelhaft befindlich
Flins 20 h-Stück
Flinte Schnapsflasche
Flocken Tuch, Wollstoff, Leinwand
flockig aus Wolle
Flöhfanger Mantel, Überrock
Flohmann Kartenwerfer
flonen den Mund verziehen (zum weinen, besonders aber zum lachen)
flöhnen jemanden in betrügerischer Weise um sein Geld bringen
floschen schwimmen
Floß Suppe, Kahn, Schiff, Wasser, Regen
floßen fließen, schiffen; regnen
Floßer } *Floßert* } Wasser, Brunnen
Flößling Fisch, Hering
Flöte anlegen einen Verbrecher durch freundliche Behandlung zum Geständnis bringen
Flunkerkies falsches Geld zum Betrügen
Flurmichel Fluraufseher
Flusser Wasser, Harn
flussern schwimmen
Flussert s. *„Flusser"*
Flüßling Schreibpapier
focheln schreiben
Föhme Hand
Foosch Blut
foppen necken
Foreskero Stadtbewohner
Foro Stadt
fortplanten heimlich und geschickt wegnehmen
Fose Frauensperson, welche ihren Zuhälter aushält
Fösel } *Föserl* } Haft, insbesondere Anhaltung in der Besserungsanstalt
Foty Fetzen, Kleider
Fotzblende Spiegel
Fotzhobel Mundharmonika
Fouh Gold
Frachtbrief Haftentlassungsschein mit vorgeschriebener Abreise
franca Villa, in — — unter freiem Himmel
frank ehrlich, unbescholten
frankenscher Masematten ein sehr einträglicher Diebstahl mit Gewaltanwendung
Frankfurter ehrlicher, unbescholtener Mensch
frankieren ehrlich spielen
Fraslmahr Angst, Furcht
Frechmann Verhör, Einvernahme
Freier derjenige, der bestohlen oder betrogen werden soll
den Freier greifen } *den Freier schleppen* } das Opfer dem Gauner zuführen
den Freier versetzen das Opfer wieder los zu werden suchen, ihm davongehen
freier Mann unbescholtener, nicht verhafteter Mensch, Zeuge
Freischipperhaus Falschspielhöhle
Freischupper Falschspieler
freiwillige Winde Arbeiterkolonie
fremd machen die Arbeit einstellen
Friedl Rock
Friedrichstädter bessere Zuhälter
Frischling Anfänger, Neuling
Fritze } *Fritzen* } Schminke
fritzen, sich — sich schminken, schönmachen, ausreden
Frösche M o n a t e der Strafhaft (vgl. *„Würmer"*)

Frost Mißbehagen
Frost im Magen Hunger
Fu Gold
Fuchs Gold, Goldstück; auch: Keller
Fuchs, ein gedicker — ein Goldstück
Fuchs stoßen einen Keller erbrechen
Füchseln Goldgeld
Fuchserer Goldarbeiter, Juwelier
Fuchserl Goldstück
fuchsig golden, vergoldet
Fuchsluppe goldene Uhr
Fuchsmelochener, *Fuchsmelocher*, *Fuchsmelocherer*, *Fuchsmelochner* } Goldarbeiter, Goldschmied
Fuchsmotz Goldstück
Fuchsmurer (gestohlener) Goldschmuck
fucken gehen
Fucker jedes geheime Beförderungsmittel
Fuhre Diebstasche der Markt- und Ladendiebe; auch soviel als *„Eisenbahn"*, s. d.
Fulceri Arzt
Fündchen Arbeitsbuch, Paß, Wanderer
Funk Licht; Zündholz
Funke Mann, Bursch, Handwerker (mit Nebenbegriff des Verschmitzten); auch: Geld; männlicher Geschlechtsteil
Fünkeljohann Branntwein
fünkelkaspern betrügen
funkeln braten, sieden, kochen
Funkenspritzer Schmied, Schlosser
Funkert, *Fünkl*, *Fünkling* } Feuer
Funzerl Lampe, überhaupt Licht
Furatsch Fuhrmann
Fürbretling Schürze
Furi Tasche, Sack; Öffnung
Furkel, *Furkelei* } Küche
Fürling Schürze
Fürwitz Arzt
Fuß (früher: Gulden, jetzt:) zwei Kronen
Fußlappen Weißkohl als Gefängniskost
Futa Späher, Aufpasser
Futleckerl einer, der den weiblichen Geschlechtsteil leckt; Zunge

G

gablen schwören
Gacheler Wohnungseinschleichdieb
Gachen Zorn, Rache
Gachene, *Gachni* } Henne
Gackeler, *Gackler* } Wohnungseinschleichdieb
Gad Hemd
Gada Ware, Wäsche, Kleidung
Gadern Fingerring
Gadernkeuler, *Gaderpflanzer* } „Ringwerfer"
Gadische Stück
Gadni Schere
Gadzo Bauer, Mann; Nichtzigeuner
gaffen schlagen
Gagi Bäuerin
Gagire Spur
gahrtscho kahl, glatzköpfig
Gaider Kammer
Gaies das Leben
gais gescheit
Gajet Schneider
Gako Onkel, Freund
Galch katholischer Priester, der christliche Geistliche überhaupt
Galgennägel geschnittene weiße Rüben (Gefängniskost)
Galgenposamentierer Seiler
Gall Haut
Gallach s. *„Galch"*

Gallach-Bajes Pfarrhaus, Kirche
Gallach benschen | Geistliche bestehlen, betrügen
Gallach machen |
Gallach melochnen |
Gallachte Pfarrfrau
Gallerie Diebsbande
Gallerist Mitglied einer Diebsbande; Zuhälter
Gallon Mond, Fenster
aus Gallones kaspern aus den Arrestfenstern miteinander reden
Gallones verbarselt vergitterte Fenster
Gallonis Fenster
Gamel Esel (Schimpfwort)
Gamf Dieb
gamfen stehlen
Gammede Sonne
Ganef | Gauner, Dieb
Ganew |
Ganf |
ganfen stehlen
Ganfer Dieb
Gannef Gauner, Dieb
Ganneiwe Diebstahl, gesamter Ertrag desselben
Gannew s. „*Gannef*"
Gannewe s. „*Ganneiwe*"
gannewen stehlen
Gansscherer bettelnder Handwerksbursch
ganwenen stehlen
ganzer Mann 100 K-Note
Gardinen eisernes Fenstergitter
Garepen Schuß
Gari männlicher Geschlechtsteil
garnieren stehlen; onanieren
Garnitur Diebsbeute; Nebenstrafe
Garrot Knebel zum erwürgen
Garrotter | einer, der dem überfallenen Opfer die Kehle zusammenschnürt und es dann beraubt
Garrotteur |
garrottieren das Opfer knebeln und berauben
Garsen Beil, Axt
Gartl Taschenmesser
garuvel verstecken
gas feist, fett
Gas Hochmut
Gasel Raub
gaseln rauben
Gaske Kirche
Gaskemaloche Kirchenraub
Gaslan Räuber
Gaslonis | Raub
Gaslonus |
Gassene Hochzeit
Gasser Schwein
gassern beglückwünschen; zur Verantwortung ziehen
Gast Betteljude, Heiratsvermittler
Gastin | Betteljüdin, Heiratsvermittlerin
Gästin |
Gaterling Ring, Fingerring
Gatscho Mann, Bauer; Nichtzigeuner
Gatten Taschentuch
Gattern Fingerring
Gattl Taschenmesser
Gatzom Kind
Gäude Nase
gaudel groß, stark
Gaudel Daumen
gaunen spielen
gauschef finster, dunkel
Gav Dorf
Gavalo Sack
Gaver Mann
gawolen binden
geachelt gegessen
Gebammel Uhrkette (samt dem oft daran befindlichen Anhängsel)
Gebärvater männlicher Geschlechtsteil
Gebärvater, den — einhängen unter Männern widernatürlichen Verkehr pflegen
gebechert erstochen, abgestochen
Gebel angehender, junger Dieb

Gebemmel, *Gebimmel* Uhrkette (samt dem oft daran befindlichen Anhängsel)

Gebirge, ins — gehen in die Strafanstalt kommen

gebuchelt bei der Polizei gut angeschrieben, ehrlich, unbescholten

er ist ganz gut gebuchelt man kann ihm nichts nachsagen

gebumst verhaftet

gebutt gegessen

gediehe erfahren, schlau

gedin ehrlich, redlich, gerecht

gedin handeln sich ehrlich fortbringen

gedinne s. „*gedin*“

gedinne Schore ehrlich erworbenes Gut

gedinne sein ehrlich sein

gedinne Sore s. „*gedinne Schore*“

gedinne stehen in gutem Ruf stehen

gedolmt werden gehenkt werden

gedrückte Blüten Banknoten ähnliche Papiere, welche zu Betrugszwecken (insbesondere von sog. „Bauernfängern“) verwendet werden

gefinkelt gekocht, gesotten, gebraten; auch: schlau, verschmitzt

geflebbt nachgesehen, revidiert

Gefledderter Betrogener, Bestohlener

Gefleim viel Geld

Geflieders, *Geflitter* jede Urkunde, Paß; Zeitung, Zeugnis, Bittschrift

Geflitter einketschen eine Bittschrift einreichen

Geflitter prellen einen Brief lesen

gefloßelt Notdurft verrichtet

gefunden gestohlen

Gefuße Schwester

g'flickt blatternarbig

G'flieder Arbeitsbuch, Zeugnis

G'fliederfackler einer, der Arbeitsbücher fälscht

G'floßenes, *G'floßert* Wasser

geganft, *geganwent* gestohlen

Gegl Nachtlager

geglitscht geschlossen

Geglowitz Wohnung

gehandelte Schore gestohlene Ware

gehaut klug, gescheit, verschlagen

geheigt geschlagen

Geheimer Kriminalpolizeibeamter

gehelligt Geld usw. geteilt

gehen frei werden (aus der Haft)

Gei, etwas in der — haben etwas planen

Geideck Bankhaus

Geider Stube, Zimmer

geien gehen

Geier nur in Zusammensetzungen gebräuchlich, z. B.:

Fichtegeier nächtlicher Räuber, Dieb

Geige Freimädchen

Geige Narrheit, Verrücktheit; Messer

Geigerl, *Geig'n* Freimädchen, Geliebte

geilen betteln

Geistwerk Verstand, Vernunft

gekappt verhaftet

gekappt werden verhaftet werden

gekaut klug, gescheit, verschlagen

geklaut gestohlen

geknallt werden verwundet sein

geknaßt verhaftet; bestraft

geknastet bestraft

gekneist erkannt, ausgekundschaftet

gekocht abgefeimt, gerieben

Gelbfuchs Goldstück

Gelbling Weizen

Gemachte, der — } der Bestoh-
Gemeierte, der — } lene, Betrogene
Gemfener Kleinhändler, Krämer
Gemore Belehrung, Denkzettel
Gemsel Hemd
geneifen stehlen
geneift gestohlen, bestohlen
Geneiwe Diebstahl, gesamter Ertrag desselben
Geneiwe kinjenen das ganze von einem Diebstahl herrührende Gut kaufen
Geneiwe tun einen Diebstahl verüben
Geneiwter der Bestohlene
geniftert gestorben
Genneiwe s. „*Geneiwe*"
gepennt geschlafen
gepumpt werden verwundet sein
Ger Krätze, Aussatz
Gerengero Hauswirt, Haushälter, Kuppler
Geripe Krätze, Aussatz
Geritt Markt, Messe
Gerlach Pastor, Geistlicher
Gertschemiha Wirtshaus
Geschäft Diebsgewerbe, Strichgehen der Dirnen
Geschäft, ins — gehen stehlen, auf Männerfang gehen
Gescher Brücke
geschlichnet gestanden, eingeräumt
geschmaddet getauft; auch: Gauner, der einen ehrlichen Erwerb gesucht hat
geschmalzen bestraft
geschnellt übern Haufen geschossen
geschnipft gestohlen
geschnoben ausgekundschaftet
geschoben verraten
Geschobener ein Verratener
Geschock Jahrmarkt
aufs Geschock gehen einen Jahrmarkt in Diebstahlsabsicht besuchen
Geschockschure gestohlene Ware
Geschränk Halskette, auch Fußschellen
geschränkt geschlossen
geschwanger schwanger
geschwemmt erkannt, auch: gemeldet
Geseeres } widrige Verhältnisse,
Geseires } Unheil, unnützes Geschwätz, Lärm
Gesele Raub
Gesroche } Gestank, Rauch; Stän-
Gesruche } kerei, übler Ruf, Bekanntwerden einer Gaunerei
Gessene Diebstahl mit Gewaltanwendung
gessern beglückwünschen
gestürzt verurteilt
Gesurche s. „*Gesroche*"
Getalgenter Gehenkter
geterchent gebettelt
getulmt gehenkt
geweißigt gut bei Kassa, bemittelt, reich
Gewer Hausherr, Wirt, Mann, Herr; auch: Hahn
Gewine Käse
gewinnen ein Kind bekommen
Gewinnerin Wöchnerin
Gewir s. „*Gewer*"
Gewüttel Rede, Gespräch
Gfar Dorf
Gham Sonne
Ghani Unschlitt
Gher Haus
Ghinfene Kaufladen
Ghoro Krug
Ghur Hacke
Gib Korn, Gerste
Giebel Nase
Gieder Dach
Gift Schnaps
Giftmischer Arzt
Gigerer fleißiger Arbeiter; Pferdefleischhauer
gigern sich plagen
Gilet Brust

Gilfer einer, der beim Geldwechseln stiehlt
gimel drei
Gimmelblättchen Hasardkartenspiel mit 3 Karten
Gimpel / *Gimpl* } dummer Mensch
Gippesch Untersuchung, Landstreifung; ärztliche Untersuchung der Dirnen; Arzt, Beamter selbst
gippichen durchsuchen
Gippisch s. „*Gippesch*"
gippischen s. „*gippichen*"
Gips Kraft, Geltung; Geld
Girigari männlicher Geschlechtsteil
Gischmohl Zigeuner
Gise Schwager
gisich zornig
Gitscher Nachschlüsseldieb
Gittchen Gefängnis
Gittenschieber Hauseinschleichdieb
Giv Korn
Glandi Messer
Glaseine Gewehr, Pistole
Glaseines Handfeuerwaffen
Glaspatzen Augen; Augengläser
Glasse s. „*Glaseine*"
glassen schießen
Gledalo Spiegel
Gleicher Kamerad, Bruder, Komplize
Gleis Milch, (Silber-)Geld, Silber
Gleishanns Milchbrust
gleisige Loschke silberne Löffel
Gleispicht Silbergeld
Gleiß s. „*Gleis*"
Gleißer Silberarbeiter; Kuh
Glidd Freimädchen
Glitsch Riegel, (Vorleg-)Schloß
Glitschen Schlüssel
glitschen ausgleiten, rutschen, mit Nachschlüssel öffnen, fesseln
Glitscher Nachschlüsseldieb
Glitschin s. „*Glitschen*"
Globe Hund; Kirchenkelch
Glocke Uhr
Glösseim Gewehr, Pistole
Glucke mit Küchlein / *Glucke mit Küken* } Suppenlöffel u. Eßlöffel zusammen
Glumsen Gesäß
Glunde Freimädchen
glupen sehen, schauen
Glur'n Augen
Gnaife Diebstahl
Gnatze Krätze, Ausschlag
gnatzen beunruhigen, verdrießlich sein
Gnatzkopf eigensinniger, verdrießlicher Mensch
Gneife / *Gneifl* } Diebstahl, gesamter Ertrag desselben
gneißen wahrnehmen, erfahren, merken, wissen, kennen, bekannt werden
Gnofe / *Gnowe* } s. „*Gneife*"
Goa Frau, Christin, Weibsperson (in geringschätziger Bedeutung
Gock Ei
Gockerl Huhn
godel groß, stark
Godel Daumen
Godelrosch Schlaukopf, Kenner von Gaunereien und Gaunersprache
Godelschote großer Narr, Geck; Schurke (als Schimpfwort)
Godernkaller „Ringwerfer"
Godi Verstand, Hirn
Gogerl Huhn
gohlen fahren, bringen, zubringen
Goi Nichtjude, besonders: Christ
Goie / *Goje* } Frau, Christin, Weibsperson (in geringschätziger Bedeutung)
Gojim Mehrzahl von: „*Goi*", s. d.
Golach katholischer Priester, der christliche Geistliche überhaupt

Goldkragen Beamter
Gole Fahrzeug, Wagen; Diebstasche der Markt- und Ladendiebe; auch soviel als: „*Eisenbahn*", s. d.
Golefahrt Abschneiden u. Stehlen von Koffern vom Wagen
Golegänger } einer, der Koffer vom Wagen abschneidet u. stiehlt
Golejäger }
golen fahren, bringen, zubringen
Goleschächter s. „*Golejäger*"
Golle Frau
Gollerl Mädchen
Golloch Geistlicher
Gomol Kameel (Schimpfwort); Richter
gomur fertig, vollständig
Gomur Belehrung, Denkzettel
Gono Sack
Gordel Kessel, Topf
Gordelmelochner Kupferschmied, Kesselflicker
görrisch } taub
gosch }
Gosser Schwein
Gosserkerner Schweinfleisch, Schinken
Götte } Genosse, Verwandter; Gauner
Göttl }
Göttling }
Gottschick Knopf, Siegel, Stempel
Govr } Grab
Gowr }
Gozer Hof
Gozerwind Hoftor
Gral Frucht
gramschen stehlen
Gramscher Dieb
gramssen s. „*gramschen*"
Gramsser s. „*Gramscher*"
Granat } Falschspieler, überhaupt „Bauernfänger"
Granaten }
Granfeitel Kerkermeister
grannig groß, gewaltig, stark, sehr, vornehm
Grannigebais Strafanstalt
Grantner Bettler mit vorgetäuschter Krankheit
Grast Pferd
Graudenz Arbeitshaus
graulen zornig sein
Graupenpalais Arbeitshaus
Grazni Stute
grean unsicher, nicht geheuer
grean geben bei der Teilung der Beute betrügen
grean pfeifen unterstandslos sein
grean picken fasten
grean schmöllern } in der Gaunersprache reden
grean spritzen }
Greaner Gauner
greaner Tisch Gericht; Gerichtsverhandlung, Rapport (in der Strafanstalt)
Grec } gewerbsmäßiger Falschspieler, der sich in feinen Kreisen bewegt
Greck }
Gredepschabon Feuersbrunst
Grei Pferd, Hengst
Greifenberger Dieb, Taschendieb
Greifer Kriminalpolizist
Greiferei Kriminalpolizei
Greiffenberger s. „*Greifenberger*"
Greifferei s. „*Greiferei*"
Greinert Schwein
Grems Gitter
grieseln schlafen (namentlich unter freiem Himmel)
Griesler verlassener, unterstandsloser Mensch
Griff } Hand, Finger
Griffling }
Grillenberg } Gelehrter, Studierter
Grillenberger }
Grillenfranz }
Grimm Gericht, besonders Landesgericht
grippieren heimlich wegnehmen
Gronert Kraut
Großdalfer gebildeter Bettler

Großdeutsch
Großklamonis großer Dietrich, großes Brech- oder Stemmeisen

Großkotz Prahler

Großmauschel
Großmoschel jeder, der über große Gewalt verfügt: Landesherr, oberster Richter, Polizeidirektor usw.

Großpurim großes Brecheisen

Großtalfer gebildeter Bettler

Grtano Gurgel

Gruber Spaten, Schaufel

Grün, Mutter — die freie Natur
bei Mutter Grün schlafen im Freien übernachten

Grüne, die — Polizeiaufsicht

Grünemann Frühling

grüner August
grüner Heinrich Gefangenentransportwagen

Grünerei Hochzeit der Diebe

Grünling Garten; Zaun

Grunnerey s. *„Grünerei“*

Grunnickel kleines Schwein

Grünspecht
Grünwedel Jäger

G'scheber Leichenbegängnis

G'schebermaß Bargeld, Kleingeld

G'schepper s. *„G'scheber“*

G'scherter Landbewohner, Einfaltspinsel

g'scherter Hansel Teufel

G'schicht Diebstahl

g'schmissi keck, verwegen, hochfahrend

G'schockgänger Marktdieb

G'schos weiblicher Geschlechtsteil

G'sib Brief

G'spritzte Landesverweisung

G'stappeln Schuhe

G'steamel
G'steami Pfeife; männlicher Geschlechtsteil

G'stens männlicher Geschlechtsteil

g'steppt blatternarbig

Guck Auge; Fenster

Gudlo Honig, Zucker

gudlo süß

Guffti stecken, einem — — jemanden schlagen

Gugelfranz Mönch

Gullo Honig, Zucker

Gummihutsch'n Fiaker

Gummihütte Irrenanstalt

Gummihütte tun Irrsinn vortäuschen

Gurke Nase

Gurummi Kuh

Guruv Ochs

Gusto Finger, Zehe

Gustrin Ring

Gutenmorgenwünscher Diebe, welche früh morgens in Gasthofzimmer schleichen und bei diesem Gruß Kleider und Schuhe stehlen

Gymnasium Zuchthaus, Strafanstalt

Gyps Kraft, Geltung; Geld

H

Ha Spielkarten

Haartruhe weibl. Geschlechtsteil

Haartruhe sprengen notzüchtigen

Haber Komplize

Habsburger Falschspieler, überhaupt Betrüger

Hach Bauer

Hacheln Speise, Mahlzeit

Hacho
Hackneck s. *„Hach“*

Hack und Mack gemeines Volk

Hacke Arbeit, Geschäft

Häckel Narr

hackel alles

Hackelbackel gemeines Volk

Hackelneune Diebstahl mit Gewaltanwendung, Raub

Hackelputz Speise, Mahlzeit

Häckelzeug Anzahl Dietriche

Hackenweis'l Alibibeweis für ehrliche Arbeit

Hacker Junge, Bursche; Dirnenbeschützer
Hackmack gemeines Volk
Hadatsch Polizeimann; Verräter
Hadel Lumpen, Fetzen
Hader Karten; Kartenspiel mit 6 Blättern
Haderer Kartenspieler
hadern kartenspielen
Hadern Spielkarten
Haderntippler } Kartenspieler
Haderreißer }
Hägel Narr, Lump
Haiduck Gefangenenaufseher
Hais Kopf
Hajeneine machen Einbruch verüben
Haken Dietrich
hakesen (auf)klopfen
Hakesen die geheime Klopfsprache in Strafanstalten
Halbe Seite
auf die Halbe springen auf die Seite springen, in Sicherheit kommen
halbe Lewone haldmondförmige Anbohrung eines Schlosses
halber Mann (jetzt:) eine 50 K-Note
halchen gehen, springen, laufen, greifen
Halchener einer, der in irgendeiner gaunerischen Absicht ausgeht
Haleinesspritzer Fenstereinsteiger
Haliche Weg, bes. Schleichweg, Diebsweg
Halleines Fenster, Mond
Halleinesspritzer s. „*Haleinesspritzer*"
Halles Lärm
Halsabschneider Wucherer
Halseisen Strick
hamisno falsch
hamm hamm! laß ab!, warte!
Hammel abgelebter Gast in öffentlichen Häusern (Schimpfwort)
Hammerschlag Schmied
Hamor Lärm, Streit
Hampelmann Gummischlauch oder Strick mit Bleiknopf (zum dreinschlagen)
hamtenen warten, erwarten, abwarten
Hanaster Obstwein
Handbretze Handschelle, Handeisen
Handel jede gaunerische Tätigkeit, Betrug, Raub
handeln stehlen
Hanf Brot
Hänganstalt Pfandleihanstalt
Hanide ein Weib, das die Regel hat
Hanne Tölpel (Schimpfwort)
Hanne Braut, Dirne des Zuhälters
Hanno } Nutzen, Gewinn, Vergnügen
Hannoë }
Hanns dummer Mensch
Hansel Koffer, Kasten, Truhe; Pferd
Hanslschleuderer *) Leute, die in Wirtshäusern um Trinkreste betteln
Harango } Glocke
Harangos }
harbe oft, viel
Harbogen Ochs, Kuh; Dummkopf
Harcum Kupfer
Hardatsch Polizeimann
hargenen umbringen, töten, morden
Harigo Mord, Totschlag
Haringer Geflügelhändler
Harkum Kupfer

---

*) „*Hansl*" wird der im ausgetrunkenen Bierglas zurückbleibende Bierrest aber auch der Bodensatz des Bierfasses, sogenanntes Abtropfbier, genannt.

harles hier
Härlinge Haare
Harmonika Brieftasche
Haro Säbel, Dolch, Messer
Harr Berg, Gebirge
Harta, *Hartas* Schmied, Kupferschmied
Hartl Gefängnisaufseher
Hartling Messer
Harum Pascha Gaunerhauptmann
haschewene, *haschiwene* zurück, fort, weg
haschiwene gehen durchgehen
haschiwene halchen zurückkommen, entfliehen, durchgehen, abstehen
Hasen machen, einen — — flüchtig werden, entfliehen
hauen stehlen
Hauer Dieb
Hauer Hausierer
hauern sich niederlassen, ducken, sich versteckt halten
Häufeln Kartenhasardspiel
Hauhns angehender, noch ungeschickter Gauner
haulech sein, *haulechen* gehen, springen, laufen, greifen
Haungeher Hausierer
Haupter Hauptschlüssel, d. h. der, welcher am meisten zur Verwendung kommt
Haurech, *Haureg* Mörder, Totschläger
hauren sich niederlassen, ducken, sich versteckt halten
Haus Kasten, Schrank
Hausen Hauseinschleicher
Hausmucken bäuerlicher Lebensmittelbettler
Haut Geliebte des Soldaten
Haut Frauenzimmer; Pferd
Hautz Bauer
Haveskro Faß
Hawel Faden
Hawer Komplize
Haxel, das — geben bei der Teilung der Beute übervorteilen
Haxen (früher: Gulden, jetzt:) zwei Kronen
Hazika Rock
Hebe Polizei
Hechdesch Krankenhaus, Armenhaus, Spital
Hechtel Taschenmesser
Hechten, jemandem einen — machen sich von jemandem abwenden; zechprellen
Hechtling Messer
Heckdisch Krankenhaus, Armenhaus, Spital
Heckel Narr, Lump
Heckenscheißer Jäger
Heckisch s. *„Heckdisch“*
Heckjäger alter Bettler und Landstreicher
Heder Zelle
Hedschake, *Hedschaki* 5 Jahre Kerker; (5 Gulden = jetzt:) 10 Kronen
heegen sein, stehen
wo heegt das Moos? wo ist das Geld?
Hefen Haft; Kopf
Heft Nase
Hegel Narr, Lump
hegen s. *„heegen“*
Heh Polizei
heichen schlagen
Heichus Schläge
Heiligkeit christliche Herberge
heimerlich spielen umbringen, ermorden
heimgehen sterben
heimliche Schmiere Nachtwächter
Heimlicher Kriminalpolizist
heimschicken töten
Heimschicker Mörder; Arzt
heimtun umbringen, ermorden
heinas! alles in Ordnung!
Heinrich, (grüner —) Schubwagen
Heis Kopf
heiß gefährlich, unsicher, nicht geheuer (wegen Polizei)
Helenes Fenstergitter

Helfener einer, der beim Geldwechseln stiehlt
heller Kerl geriebener Verbrecher
Hellich Anteil an der Diebsbeute
hellichen teilen
Hellig s. „*Hellich*“
helligen s. „*hellichen*“
Hemdenschnorrer alter, abgelebter Gauner
Henas Freundschaft
Hengel Rache, Zorn
Hereg Mord, Totschlag
hergerichtet krank
Herich Mörder, Totschläger
herrles hier
herspinnen hergeben
herstellen betrügen (besonders im Spiel)
Hertling Messer
Hetzling Ofen
Heu Geld, Tabak
Hev Loch, Höhle
Hex Polizeiaufsicht
Hexenbilderl polizeiliche Photographie
Hieb, einen — haben verrückt sein
Hiesel Schminke; Brieftasche
Hieselfuri Tasche
hieseln schminken
hiliren beim Geldwechseln stehlen
himmelblau zu lebenslänglichem Kerker verurteilt
hin und her Uhr, Feile, Säge
hineindrucken belasten
hinfliegen, zu einem — zu jemandem gehen
hinholchen hingehen
Hinkelschieber Kücheneinschleichdieb
hinkrauten hingehen
Hinterhand derjenige Komplize, der den Geprellten wegführt; überhaupt Aufpasser
Hinterschieber gewisse Gattung von Nachschlüsseln
Hintova Kutsche, Wagen
Hippe geschicktes Ausfragen
Hirsch ein in Einzelhaft befindlicher Sträfling, Neuling
Hirtling Messer
Hitz } Zimmer, Stube
Hitze }
Hitzerling } Ofen
Hitzling }
Hitzwinde Stubentür
Hobeloffizier Tischler, Schreiner
hocham gerieben, verschlagen
Hochblas Backofen
hochgehen verhaftet werden
Hochschein Licht
Hochschule Strafanstalt, Zuchthaus
hocken sein, sitzen, stehen
hocken arbeiten; überwiesen sein
Hockweiler Gauner, der ein Bündel über die Stiege trägt
Hofwinde Hoftür
Högel Gericht
Hoh splendide Person, „Wurz'n“
Höh Polizei
Höh, in die — gehen schwanger sein
Hohavibe Lüge, Betrug
hohe Schule Zuchthaus
Hohland } Kamin, Ofen, Schornstein
Hohlarsch }
Hoige Prügel, Schläge
Holav Hose
holchen } gehen, springen, laufen, greifen
holech sein }
Höllichkaspar Betrüger mit Schatzgraben
Hollmusch Sturm
Holz, ins — donnern stehlen gehen und verscheucht werden oder nichts bekommen
Holzarbeit das Schlafen auf einer Bank, Pritsche
Hölzl Wald
Holzwurm Tischler, Schreiner
Hon Habe, Schätze, Geld, Reichtum
hönas! alles in Ordnung!

Honorist feiner Gauner, Betrüger
Honzche
Honzige } Knabe, Bube
Hopf der zu Betrügende, der Betrogene
hops gehen verhaftet werden
Horcher
Horchläppchen
Horchlappen } Ohren
Horeg Mörder, Ermordeter
Horlege Uhr
Horn Bargeld
horn reich, wohlhabend
Hornbock
Hornbogen
Hornickel } Ochs, Kuh; Dummkopf
Hork Bauer
Horug Mörder, Ermordeter
Hosen
Hosener } Hauseinschleicher
hosper offen, auf
hospern öffnen
Hospes Wirt
Hosseck Knabe, Bube
hotschen kriechen, gekrümmt sitzen
hozetescher jüdisch
hugerisch ungarisch
Huhur Schwamm
hulchen gehen, springen, greifen, laufen
Humer Teig
Humna Scheuer
Hund Vorhängschloß
Hundshütte Nase
Hungerturm Strafanstalt
hupferl lahm
Hüpferl Floh
huren sich niederlassen, ducken, sich versteckt halten
Husche
Huschen
Huscher
Huschken } Soldat, Polizist, Gendarm
Husseck Knabe, Bube
Hußkiefel
Hußkopf } s. „*Husche*"
Husten Hals, Gurgel
Hütling Messer, Dolch
Hutmacher Wilddieb
hutschen kriechen, gekrümmt sitzen
Hutschke Pferd
Huttererg'sellen Filzläuse
huven sich niederlassen, ducken, sich versteckt halten
Hutz Bauer

I

Ickbre Brücke, Steg
Ill Stunde
Illoe Baum
Iltis
Iltisch } Polizist, Schutzmann
Imme Mutter
Inaiš Diener
Injon Geschäft, Anstrengung, Arbeit; Krämpfe
Inne Leiden, Qual
ins Kraut gehen wetteifern
Intippel Zusammenkunftsort der Gauner vor oder nach der Tat
Ippesch
Ippusch } Verkommnis, Verderben, Pest, Krankheit, Fäulnis
iret spät
iš auch
Isba Stube, Zimmer
Isch (meist alter) Mann, Handelsmann
Ischa
Ische
Ischel } (verheiratete, geschiedene oder verwitwete) Frau
Ischmechome Soldat
Isegrimm Gefängnisaufseher
Iweles Narrheit, Torheit, Sünde
iwrisch jüdisch
Izema Stube, Zimmer

J

Jaar Wald
jabbern reden, sprechen
Jabeläum Gesellschaft von Leuten; Kostbarkeiten, Geld
Jack Feuer

Jackel Opferstock
Jackelpritscher Opferstockdieb
Jad Hand
Jadbarsel Handeisen, Handschelle
Jaddrong kleiner Hebebaum
Jadkehändler Kirchendieb
Jadl Kind
Jadmatnas (eigentlich: Gaben aus der Hand) Ohrfeigen
Jadnekef, *Jadnekeff* } kleine Öffnung in Türen, um mit der Hand zum Riegel zu kommen
Jadsacher, *Jadschabber* } kleines Brecheisen
Jadscherer, *Jadschocher* } Händler
Jadschocher, *Jadschocherer*, *Jadschurrisch*, *Jadschurrick* } Einbrecherwerkzeug (Stemmeisen, Meißl u. dgl.)
Jag Feuer
Jagdgewehr Kamm
Jagdhund, blauer — (Spitzname für) Schutzmann
Jahr Wald
jai! wehe!
Jaich Jude
Jajim, *Jajin* } Wein
Jale Lärm, Jammer
Jamm Zorn
Janitschek Zechpreller
Janitschek machen zechprellen
janne guten Morgen
Jaro Ei; Mehl
Jasch Branntwein
jaschwenen sitzen
jaschwenen lassen einsperren lassen
Jaska Zunder
Jaske Kirche
Jaskehändler, *Jaskenganne f* } Kirchendieb
Jaskeschaller Kirchendiener
Jaskeschore Altar- und Kirchengerät
Jaß Branntwein
Jaß Rock, Winterrock; Kirche, Kapelle
Jasser Rockdieb
Jaßk, *Jaßki* } Kirche
Jaßkisliverer, *Jaßmacher* } Kirchendieb
Jattschaber Stemmeisen, Meißel
Jauche Suppe
Jaule Lärm, Jammer
Jego Eis
jekatalo einäugig
Jekker Kirche
Jemchen Jahr
jenisch klug, gescheit
jenisch kacheln in der Gaunersprache reden
Jenisch Gauner; Gaunersprache
jepaš halb
Jergel Abschaffung, Ausweisung
Jerid (Jahr-)Markt, Messe
Jerid abhalten auf den Markt gehen, um zu stehlen
Jeridhändler Marktdieb
Jerni Feile; Wachs
jerno nüchtern
Jeschiwo Schule, Akademie, Universität
Jeske Kirche
Jevent Winter
Jider (jetzt:) Zehnkronennote
Jischuf Ort, wo nur einzelne Juden wohnen
Jiv Schnee
Joch Suppe
Jochem, *Jochen* } Wein
jockeln durch fortgesetztes Drükken, Schieben usw. Tür, Fenster öffnen
jocker teuer, wertvoll
jodeen wissen, begreifen, verstehen
jofe schön, hübsch, angenehm
Johann Wein
Johlegänger Gepäcksdieb
Joisl Christus, Kruzifix

Jokel Laus
jokeln durch fortgesetztes Drükken, Schieben usw. Tür, Fenster öffnen
joker teuer, wertvoll
Jole Lärm, Jammer
Jole große Diebstasche der Laden- und Marktdiebe; auch: Wagen
Jom Tag, Tageszeit
Jombes Montag
Jomdoles } Mittwoch
Jomdolet }
Jomgimel } Dienstag
Jomgimmel }
Jomhe Donnerstag
Jomim Mehrzahl von „*Jom*", s. d.
jominel drücken
Jomlattchener } Diebe, Einbrecher, welche bei
Jommackener }
Tag mit Nachschlüsseln stehlen
Jomolef Sonntag
Jomschawwes Samstag
Jomschien } Aufseher bei Tag, Tagwächter
Jomschin }
Jomschmir }
Jomschmiere }
Jomsohin Samstag
Jomtof Feiertag, Festtag, glücklicher Tag
Jomwof } Freitag
Jomwoof }
Joner Spieler
Jordan Brecheisen
jörgeln zwangsweise abreisend machen
Josch Schlaf
joschen **schlafen**
Joschen alter Mann, Greis
joscher recht, gerecht
joschnen schlafen
josten liegen
Jowen Bekenner griechischer Religion, Grieche, Russe
jowesch getrocknet, dürr
Józsi Winterrock
Józsiafanger } Rockdieb
Józsischnabler }
Ju Papier
Juckel Laus
Juckel Hund
Jud Speck
Judas Gehilfe des Falschspielers, der Zeichen gibt
Juffart Freiheit
jung unsicher, schlecht
jung geben bei der Teilung übervorteilen
jung schmöllern schweigen; lügen; sich mit Mitschuldigen verständigen
Junge Gauner
schwerer Junge gefährlicher (gewiegter) Einbrecher
jünglisch jung
jungmäßig ohne Geld
just richtig, geheuer

K

kaan hier
Kaan Gefängnis
Kaar Schwanz, männlicher Geschlechtsteil
Kabber Grube, Loch; Verbrechensgenosse
kabbern graben, verscharren
Käber Paketstück
kabern s. „*kabbern*"
kabni schwanger
Kabore Ort, wo etwas (Gestohlenes, Diebswerkzeug u. dgl.) vergraben oder versteckt ist
Kabore verborgenes, gestohlenes Gut, Schränkzeug
kaboren verstecken, vergraben
Kabrusche } Diebsgesellschaft
Kabruse }
Kabüffken Kammer, Diebswinkel
kacheln reden, sprechen, sagen
Kachler Dieb, der Silberzeug aus den Wohnungen stiehlt
Kachni } Huhn, Henne
Kachny }
kadisch naseweis, vorwitzig

Kaf Löffel; Handfläche, Fußsohle
Kaff Dorf
Kaffeemühle eine Winde zum Abheben von Deckeln, Ausbrechen von Fenstergittern usw.
Kaffer Bauer, Dorfbewohner, ungebildeter, dummer Mensch
Kafferbenche / *Kafferbenke* Bauernsohn
Kafferkitte Bauernhaus
Kafferkrone Bauernfrau, auch Frau eines Dummen
Kaffermackener / *Kaffermakkener* Nachschlüsseldieb, besonders auf dem Lande
Kaffernfänger „Bauernfänger", d. h. Gauner, welcher im Spiel oder beim Geldwechseln Dumme betrügt
Kaffernschey Bauernmädel
Käfig Zelle, überhaupt Haft
Kafrin Frau des Amtmannes
Kaftor Knopf
kaftoren (heimlich) aufknöpfeln (beim Taschendiebstahl)
Kah Dirne
Kahni Huhn
Kaileff / *Kailoff* Hund
Kaim Jude; der jüdische Dieb unter christlichen
Kais Leben
Kajem Jude
Kajni Huhn
Kakeler Schwätzer
kakeln schwatzen, sich unterhalten
Kalaches / *Kalches* Topf, Kessel
Kalches Vereitlung, Hintertreibung
Kalches machen im Verhör ein Geständnis widerrufen, Wahres eingestehen, Beabsichtigtes angeben, einem andern zu dessen Nachteil ins Geschäft pfuschen
Kalf Hund
Kalfen einer, der beim Geldwechseln stiehlt
Kaljes Vereitlung, Hintertreibung
Kall Geld, besonders Kleingeld
Kalladeiner Bettler auf Märkten, Wallfahrtsorten und vor Kirchen
Kalle Braut, Geliebte, Mädchen, Freimädchen
Kallemagaie Schläge, Hiebe
Kaller „Ringwerfer"
Kallfrosch Wirt in einem öffentlichen Haus
Kalli s. „*Kalle*"
kalo schwarz
Kalo Zigeuner
kalt machen töten, ermorden
kalte Arbeit das Öffnen eines Geldschrankes mittels Brechwerkzeug
Kalupen jugendliche Verbrecherbande
Kam Sonne
Kambana Taschenuhr
Kamis Hemd
Kammerfleck Brieftasche
Kammerusche Diebsgesellschaft
Kan Ohr
Kandich öffentliches Haus, Herberge
kangen kaufen
Kanger Käufer, Besitzer gestohlener Waren
Kanif Messer
Kanndl / *Kanntl* Taschenmesser
Kante Zwangsarbeitshaus
Kantholz geben gestehen, einbekennen
Kanti Haus
Kapdon gefährlicher Polizeibeamter
käperniken laufen
Kapli Wirtshaus
kapore halchenen umgebracht werden
kapore zawern den Hals abschneiden

kapores machen umbringen, töten
Kappelbua Zuhälter, Dirnenbeschützer
kappen fangen, betreten, verraten, stehlen, verhaften
Kapphans Viehdieb (im allgemeinen)
Kappore Reinigung, Tod, Verderben, Fluch
kappore fetzen erschlagen, erstechen
kappore halchenen umgebracht werden
kappore machen s. „*kappore fetzen*“
Kappore-Tiefe Sarg
kappore zawern s. „*kapore zawern*“
Kapuvi Tür
Kar männlicher Geschlechtsteil
Karbiner Bote
Karbole Strick
Karialo Fleisch
Karibnaskri Pistole, Gewehr
karie schießen
karik wohin?
Karles Wein
Karline Labe- oder Schnapsflasche
Kärner Fleisch
Kärnerer } Fleischhauer
Kärnererfetzer } Fleischhauer
Karnet Käse
Karpfen Fingerring
Karoline s. „*Karline*“
Karre Eßschale im Gefängnis
karriert blatternarbig
Karten Polizeistrafwache
Kartoffel Taschenuhr
Kas Heu
Käs Wache, Wachtposten, Aufpasser
Kasbendusse Vorhängschloß
Kaschari Uhr
Kaschemme Verbrecherkneipe
kascher rein, ehrlich, unverdächtig
Kaschut dunkler Kerker
Kasematte Wohnung, Lokal; Kirche
Kasino von Robert und Bertram Volksausspeisehallen
Kasiwe Paß, Reiseausweis
Kasiwemulje Brieftasche
Kasiwer (heimlicher) Brief
Kasper Lügner, Schwindler
Kasperei geheime unerlaubte Verständigung der Gefangenen unter sich oder mit der Außenwelt
kaspern heucheln, täuschen, betrügen, schlagen; flüstern, sich heimlich verständigen, siehe „*Kasperei*“
Kassaph Brief, Schreiben; Buch
Kassaunis Hemd
kassemen wahrsagen
Kasser } Schwein, widriges Ding
Kassert } Schwein, widriges Ding
Kassiber Brief, Zettel (heimliche schriftliche Verständigung in und aus dem Gefängnis)
kasswenen schreiben
Kesswener Schreiber, Untersuchungsrichter
Kast Haus, Wohnung
Kastelspritzer Auslagendieb
Kasten Haus, Wohnung; Polizeigefängnis
Kastenschub Diebstahl aus Geldkassen und -Laden
Kastlinge Ferkel
Kaswen Lügner, Leugner
kaswenen schreiben
Kaswener Schreiber, Untersuchungsrichter
Kaszt Holz
kaszucko taub
Katef Spaßvogel, Witzbold
Katowes Spaß, Scherz
Katschäume } Wirtshaus, bes. Verbrecherkneipe
Katschemme } Wirtshaus, bes. Verbrecherkneipe
katschen abschneiden, zerschneiden, verderben
kätschen (auf dem Rücken) tragen
Kattanl Kerker, Arrest

Katze Frauenzimmer
Katzenkopf } Schlosser
Katzenkopp }
Katzow Fleischhauer
Kauach Gewalttätigkeit
Kaudesch Päderast
Kaudim der Morgen (Gegensatz zu: Abend)
Kaudimmakkener Dieb, der früh morgens durch Öffnen der Türen stiehlt
kaufen stehlen
kauhef schwer, unangenehm
Kaul (goldener) Ring
kaule krank, gefangen, mißlungen, unglücklich
kaule gehen verhaftet werden
Kauler (goldener) Ring
Kauli Frau, Braut, Freimädchen
Kauner Käufer, Besitzer gestohlener Waren
Karusse Diebsbande
kauscher alles, was rein, unverdächtig, ehrlich ist
Käuschlachter Schinder
Kaut Messer, Dolch
Kauwe Mütze, Hut
kavudo! paß auf! hüte dich!
Kawine Käse
Kawrusche Diebsgesellschaft
Kawure Versteck, Versteckort
Kawure legen vergraben, verstecken
Kazow } Fleischhauer
Kazuf }
Kschil Öl
Kdesche Freimädchen niedrigster Art
Kebbuze Sammlung, Haufe, ungeteilte Diebsbeute
Keber Grab, Grube, Höhle, Versteck
Kedo Nebel
Keer Herr, Beamter
Keeß Gefangenenaufseher
Kefar Dorf
Kefes Gattin, Geliebte
Kegler Gelegenheitseinschleichdieb, Hauseinschleicher
Kehille Versammlung von Gaunern (vor der Diebstahlsausführung), Mehrheit von Gaunern in der Gefangenschaft
Kehr Herr, Beamter
kehren rauben, z. B. *Stradekehrer* Straßenräuber
Kehrin Frau
Keibe } Weib, Geliebte, Zuhälterin
Keibel }
keif sein (jemandem etwas) schuldig sein; mittellos sein
Keife s. „*Keibe*“
Keile Schläge
Keile Strafabteilung für Militärpersonen
Keile Geschirr, Werkzeug; Waffen aller Art
Keilemagaie Schläge
keilen ersuchen; prügeln; eingehendes Befragen des Beschuldigten seitens der Polizei, um von diesem ein Geständnis zu erreichen
Keiler Verkäufer falscher Uhren; „Ringwerfer“
Keilerplatte „Bauernfänger“-Vereinigung
Keim Jude; der jüdische Dieb unter christlichen
Keiterling Ring, Fingerring
Kekeraschka Elster; Diebin
kehlen tragen
Kelef Papier, Spielkarten
Kelef Hund
Kelesemo Pistole, Gewehr
Keli Geschirr, Werkzeug; Waffen aller Art
Kellermeister einer, der den weiblichen Geschlechtsteil leckt
Kelofim Mehrzahl von „*Kelef*“ s. d.
Kelofim mollen Spielkarten in Betrugsabsicht beschneiden
Kelofim zinken Spielkarten in Betrugsabsicht bezeichnen

Kelsmer Musikant
Kemel Schießpulver
Kemize Hemd
Kemizo Ringfinger
Kemsel } Hemd
Kemsle }
ken ja; gerade, aufrichtig, recht
Kennersdorfer haben wissen, worum es sich handelt
Kenzinken Verständigung durch Laute, Zeichen usw.
Ker Haus
Keresch Brett
Keren Geld, Vermögen
Kerestos Kruzifix, Kreuz
Keris Wein
Kerum Säbel, Dolch
Kerwehe Bruder
Kesaw Brief, Zettel, Urkunde, Schrift
Kesef Silber, Silbergeld
Keses Tintenfaß
Kesof s. *„Kesef“*
Kesones Baumwollstoff, Hemd
Kesuv Silber, Silbergeld
keß gut abgelaufen, sicher, eingeweiht, verschwiegen, gescheit
kesse Penne Unterstand, wo man vor Überraschung und Verrat geschützt ist
Kessef } Silber, Silbergeld
Kessev }
Kessew }
Kessil Narr, Tropf
Kessof Silber, Silbergeld
Ketat Ekel, Zank, Widerwärtigkeit
Ketel Mord, Totschlag
Keterling Ring, Fingerring
Ketoto s. *„Ketat“*
Ketowes Spaß, Witz, Albernheit, Posse
Kettenschub Diebstahl bei Nacht
Keuterling s. *„Keterling“*
Kewer Grab, Grube, Höhle, Versteck
Kfar Dorf
Khan Polizeigefängnis
Khangeri Kirche
Khas Husten
Khille Versammlung von Gaunern (vor der Diebstahlsausführung), Mehrheit von Gaunern in der Gefangenschaft
Kibbe machen einen Raub teilen
Kibbez } Sammlung, Haufe, das Zusammengestohlene, ungeteilte Diebsbeute
Kibbuz }
Kiberer Detektiv
Kibes (Menschen-)Kopf
kibig frisch, übermütig
kibig anronen herausfordernd ansehen
Kibitz weiblicher Geschlechtsteil
kibitzen (zur Rauferei) aufhetzen
kiebitschen wechselseitig nachsehen, ob ein Gauner nach begangener Tat dem andern nicht vielleicht etwas unterschlagen hat
kiebitzen beim Kartenspiel in das Blatt des (der) Andern sehen
Kiefel Kopf
Kieken } Augen
Kieker }
Kielam Stadt
Kien Vorhängeschloß, Tabakspfeife
Kiener Schornstein
Kier Herr, Beamter
Kies } Geldbörse, (Klein-) Geld
Kies'chen }
Kiesel }
Kiessowmasematten Silberdiebstahl
Kießreiber s. *„Kies“*
kiewesen hinrichten
Kiewisch Untersuchung, Landstreifung; ärztliche Untersuchung der Dirnen; Arzt, Beamter selbst
kiewischen wechselseitig nachsehen, ob ein Gauner nach begangener Tat dem andern nicht

vielleicht etwas unterschlagen hat

Kijum Sicherheit, Bestand z. B. des Beweises

Kikeriki Feuer

Kilian Kälte

Killeklicke jüdische Spielergesellschaft

Killi jüdische Gemeinde

Kiluf Hund

Kimm
Kimmen } Läuse, Ungeziefer
Kimmern

Kinderwagen Transportwagen für Dirnen

kingen
kinjenen } kaufen

Kinne Laus

Kinnemacher Geizhals

Kinnemer einer, der Läuse hat

Kior Schornstein

Kippe Behältnis, Kasten; Anteil, Gemeinschaft, Diebsgesellschaft

Kippe machen
Kippe nehmen } (die Beute) teilen
kippen

kippen teilen

Kipper einer, der mit falschem Geld, unechten Gold- usw. Sachen betrügt

Kippisch Untersuchung, Landstreifung; ärztliche Untersuchung der Dirnen; Arzt, Beamter selbst

Kir Herr, Beamter

Kir Mauer, Wand

Kirvo Gevatter

Kischkesch
Kischkusch } Glocke, Glockengeläute

Kis Geldbörse, (Klein-)Geld

Kisler Taschendieb

Kisof Silber, Silbergeld

Kisreiber
Kiß } s. „*Kis*"

kisseln stehlen

kissi
kissig } mit Geld gut versehen

Kiste Gefängnis, Arrest, Gewahrsam

Kiste Gesäß; Haft; Geldbörse, Geldschrank

Kistenschieber Päderast

Kitt Haus, Herberge, Gefängnis, öffentliches Haus, Zuchthaus; Geld

Kittchen Gefängnis, Strafanstalt, Gefängniszelle

Kittchenboos Gefangenenaufseher

Kittchenschein Gefängnisentlassungsschein

Kitte Haus, Herberge, Gefängnis, öffentliches Haus, Zuchthaus

Kittenschieber Hauseinschleicher, Hoteldieb

Kittgen Gefängnis, Strafanstalt, Gefängniszelle

Kittlewitz Nachtlager, Obdach

Kiwerer Detektiv

Klack Siegellack

Kladerer Feigling

Kladern Angst

Klafta Hündin

Klais
Klaismingen } Milch, (Silber-) Geld
Klaiß

klamm sein kein Geld haben

Klamonis
Klamore } Nachschlüssel, Diebswerkzeug

Klamotten Hände; auch Geld

Klampfl Justizsoldat

Klappe niedrige Kneipe, Diebskneipe; Mund

Klapper Mühle, Uhr, Zeiger

Klapperisch Müller

Klapperling Hausschuhe

Klappern Läuse

Klapperschütz Müller

Klasaim
Klaseim } Pistole, Gewehr

Klater heruntergekommener Mensch (bes. weiblichen Geschlechtes)

Klatschas (falsche) Stampilien
klatschen drucken
Klatscher Fuhrmann, besonders Frachtenfuhrmann
Klaue Brechstange mit „Greifer“
klauen stehlen
Klauer Dieb
Kle Mehrzahl von *„Keli“*, s. d.
Kle Barsel Eisengeschirr
Kle Kesef Silbergeräte
Kle Semer Musikinstrumente
Kle Sohof Goldgeschirr
Kleber Pferd
Kleberer Pferdedieb
Klebis Pferd; Schaf
Kleckstein Verräter
Kleies Silber
kleine Kiste Bezirksgericht
Kleinmacher Ladendieb
Kleinpurim Dietrich, kleines Brecheisen; vgl. *„Purim“*
kleistern dumm machen
Klemme Gefängnis
klemmen fangen, stehlen
Klemmer Dieb
Klemms Gefängnis
klemmsen fangen
Klemore Schließzeug
Klempners Karl Polizist
Klems Gefängnis
klemsen stehlen
Klesamen | *Klesemo* } Pistole, Gewehr
Klesmer Musikant
Kletterbude Wohnung, in welche Mädchen ungeniert Männer mitbringen können
klettern das Aufsuchen von Räumen, die von Kupplern oder Hehlern benutzt oder benötigt werden (Absteigquartier)
kletzeln stehlen
Kleweis | *Klewis* } Pferd; Schaf
Klidi Schlüssel, Schloß
Klimm Gefängnis
Klinco Nagel
Kling jedes Musikinstrument
Klingel Glocke
Klingelfahrer Wohnungseinbrecher, der von Tür zu Tür geht, anläutet und so feststellt, wo augenblicklich niemand zuhause ist, um dann dort einzubrechen
Klingenfetzer Musikant
klingfetzen Musik machen
Klinkenklopper | *Klinkenputzer* } Bettler
Klisto (berittener) Polizist, Gendarm
klitschen schließen, aufschließen
Klitscher Beschließer; Aufseher
Klommerkäse falsche Ausrede
kloppen betteln
Klopper Hammer
Kloses Strafe
Klub eine Anzahl Diebe oder Gauner bis zu 10 Personen
Klucke mit Küken Suppenlöffel mit dazugehörigen Eßlöffeln
Kluft | *Klufft* } Kleid, Kleidung
Kluft Migdol | *Kluften Muldel* } Kleiderschrank
Klufter Kleiderhändler
Klufterei Kleider
Kluftier Kleiderhändler
Kluftpflanzer Schneider
Klumneck | *Klumnick* | *Klumnig* } gefüllter Sack, Diebssack, Bündel
Klumpen Menge, Reichtum, Diebsbeute
Knabber Brechstange mit „Greifer“
knacken aufbrechen
Knacker Brennholz, Wald
Knacker Pistole
Knacker einer, der auf einer Holzbank, Pritsche schläft; Kasseneinbrecher
Knaife Diebstahl
knallen (er-)schießen; Beischlaf ausführen

Knallhecht Soldat
Knallhütte öffentliches Haus
Knas / *Knaß* / *Knast* } Kriminalstrafe, Strafurteil, Geldstrafe
Knast schieben Strafe bekommen
Knaster Richter
knastriert vorbestraft
Kneif Messer
Kneifer kleine, sehr scharfe Zange, (womit Uhrketten, Anhängsel u. dgl. abgezwickt werden)
kneißen wahrnehmen, erfahren, merken, wissen, kennen, bekanntwerden
Kneister einer, der auskundschaftet
Knickerbocker (scherzhafte Bezeichnung für den) Nordamerikaner
Knief Messer
knofeln beten
Knopf (früher: Kreuzer =) zwei Heller
Knöpfe Geld
Knopfsuppe Graupensuppe
Knöppe Geld
Knosus Strafe
Knupper Flasche
Knuspert Gehilfe des Scharfrichters
Koach Kraft, Stärke, Gewalttätigkeit
Koasy Sense
Kober Wirt, Gaunerwirt; Zuhälter
Kobera Wirtshaus, Gasthaus
Koberer Diebshehler; überhaupt Geschäftsmann, insbesondere Wirt
Koberin Kupplerin, Wirtin
Koberkieth Wirtshaus, Gasthaus
Koberleine Straße oder Platz, wo Dirnen verkehren
kobern Beischlaf ausführen
Koberstrich / *Koberweg* } s. „*Koberleine*"
Koche Kraft, Stärke; Gewalttätigkeit
kochem klug, schlau, eingeweiht
Kochem Gauner
Kochem barlen / *Kochem dibbern* } in der Gaunersprache reden
Kochemer der Kluge, Weise; Hehler
betuchter Kochemer Dieb, der geräuschlos einbricht, nicht raubt
kochen, jemanden — jemandem (im Kartenspiel) das Geld abnehmen
Kochim Dieb, Gauner
Kochmoor Räuber
kochum klug, schlau, eingeweiht
kocht abgefeimt, gerieben
kodel groß
kodele Genneiwe großer, gewaltsamer Diebstahl
Kodem der Morgen
koden klein
Kodesch / *Kodex* } Päderast
Kodum Kind
Kofcheß offener Überfall
kofel doppelt
koferieren zahlen
koffscher frei, ledig, entlassen
koffscher kommen entlassen werden
Kofler Schinder
Kohel / *Kohol* } Versammlung von Gaunern (vor der Diebstahlsausführung), Mehrheit von Gaunern in der Gefangenschaft
Kohl Stimme, Schein; alles, was man zum Schein tut, Schwindel, Simulation
Kohl machen / *Kohl pflanzen* / *Kohl reißen* } etwas vorlügen, vortäuschen, betrügen
Kohlbruder Betrüger, Schwindler, Aufschneider
Kohldampf Hunger
Kohldampf schieben hungern

Kohldampfschieber Hungerleider
Kohldampfschieber der weibs- und daher geldlose Zuhälter
Kohlen haben kein Geld haben
Kohler Hunger
Kohlfleppen falsche Papiere
Kohlmarkt Zustand der Geldlosigkeit
Kohlpink Amtsperson, Richter
Kohlrübe Kopf
Kohlschaft (wegen Finsternis) für Diebstähle günstige Zeit
Kohra Stunde
Kokalo Knochen
Kokumloschen Gaunersprache
Kol s. auch: „*Kohl*"
kol alles
Kol machen } betrügen, etwas
Kol pflanzen } vorlügen, vor-
Kol reißen } täuschen
Kolben Nase
Kolbing Amtsperson, Richter
kolderig hungerig
Koldušis Bettler
Kolef Hund
Koler Hunger
kolerig hungerig
kolern hungern
Kollex Spießgeselle
Kolonne Verbrechervereinigung
kolterig s. „*kolerig*"
Koluf Hund
Kommentmutter Kupplerin
Kommers machen Berufs(falsch-)-spieler sein
Kommistarchener alter, abgelebter Gauner
Kommode Lebensmittelpaket für einen Häftling
Kommunemann Straßenkehrer
Komos } festliches Gelage mit
Komus } Dirnen
Konchowim Sterne
Konehändler } einer, der mit wert-
Konenepper } losen Sachen (z. B. falschen Steinen u. dgl.) betrügt
Koni Unschlitt
königen } kaufen
konigen }
Konnex s. „*Kollex*"
Kontrafußbais Theater
Koochew Glück
Koog Raubmord
Kopfschuster Hutmacher
kophel doppelt
Koppel Narr, Geck
Korah Anführer der Diebe
Korb Vorhängschloß
Kordel Kessel
korkoroi selbst
Kornet Käse
Kornhase Obdachloser
koro blind
Kos Becher, Flasche
Kosak Betrüger, Falschspieler
kosche schwer zu verstehen, auffällig
koscher rein, ehrlich, unverdächtig
koscher putzen, sich — — sich beim Verhör verteidigen, schuldlos darstellen
koscher stehen nicht verdächtig sein
koschern, sich — sich verdächtiger Sachen entledigen
Kosel Wand
Kosem betrügerische Wahrsagerei
Koserer Falschspieler
Kosow Lüge
Kot alles Verdächtige, unredlich Erworbene
den Kot von den Füßen streifen Verdächtiges beseitigen
Kotem Kind
koten klein, jung, unbedeutend
Koten Schulden
kotener Mühlkracher Beil, Hacke
kotig schuldig
kotig sein schuldig sein; Verdächtiges bei sich haben
Kotlerche Maurer
Kotz Prahler, Lügner

kotzen erbrechen; gestehen
Koup gutes Geschäft, reicher Fang
Kowe Mütze, Hut
Kraċheisen Revolver
krachen gehen sterben; verhaftet werden
Kracher Pistole
Kracher Wald, Holz
Kracher Koffer, Kiste
Kracherfahrer Landstraßendieb, der Gepäcksstücke vom Wagen abschneidet
Kracherfahrt Diebstahl an Koffern u. dgl. von Fracht- und Transportwagen
Kracherl Revolver
Kracherlinge / *Kracherlings* } Nüsse
Kralis hoher Herr
Krampf Diebsfahrt
Krampf / *Krampfbruder* } Gauner, der zu allem verwendbar ist
krank verhaftet, gefangen
Krankheit Gefangenschaft
Kratzer / *Kratzholz* } Rasiermesser
Krätzling Dornbusch
Kraut das Grüne; Flucht
Kraut Kopfhaar
Kraut backen / *Kraut bicken* / *Kraut essen* / *Kraut fressen* / *krauten* } durchgehen, entfliehen
Krauter Handwerker
Krawattenanmesser Scharfrichter
Krawattenmacher Wucherer
Krax Kloster
Krebs / *Krebser* } Taschendieb
Krei Pferd
kreien melden, schreien, frech entgegnen
Krembene alle Gewalt beim Raub (einbrechen, knebeln und dgl.)
krembenen gewaltsam angreifen, einbrechen, rauben, knebeln
Kren / *Krenn* } splendide Person, „Wurz'n"
Krenn, sich einen — aufreißen u.
Krenn, sich einen — aufschmieren sich eine splendide Person aussuchen
Krennaufreißer Zutreiber
Kreuzleine Gassenecke, Straßenkreuzung, wo Dirnen auf Männer warten
kreuzlink kenntnis-, verständnislos
Kreuzritter Polizist, Gendarm
Kreuzspanne Weste; Zwangsjacke, auch: Hosenträger
Kreuzträger Ungeziefer
Krey Pferd
Kriche Zwang, das Knebeln, Binden
Kricherl Stock
Krimm Gericht, insbesondere Landesgericht
Krisni Gericht
Krmo Wurm
Krone Frau, Gattin, Geliebte
Kröne Hochzeit
krönen lassen, sich — — heiraten
Kronfeitel Kerkermeister
Kronigl Schwein
Kroniglposel Schweinefleisch, besonders Geselchtes
Kronreihe Hochzeit
kröpfen (Uhr, Geld u. dgl.) stehlen
Krossen Beschlag, Heft
Krummkläppchen Pult, Büro
Krummkopf Brecheisen mit „Greifer'
Krumpatsch (früher: 5 Gulden, jetzt:) 10 Kronen
krumpe Flins (früher: 50 Kreuzer, jetzt:) 1 Krone
Krumper (früher: 5 Gulden, jetzt:) 10 Kronen; 5 Jahre Kerker

Krumperl (früher: 5 Kreuzer, jetzt:) 10 Heller
ksebieren (Briefe) schreiben
Ksib Brief
Ksiberer Briefschreiber
Ksiberlfackler Bettelbriefschreiber
ksiberln / *ksibieren* (Briefe) schreiben
Ksil Narr, Tropf
Ksiw / *Ksiwerl* Brief, Zettel, heimliche schriftliche Verständigung im und aus dem Gefängnis
Ksiwermile Brieftasche
Ksones Hemd
K'ssibe s. „*Ksiw*"
Kuberer Polizeikommissär, der die Aufsicht über die öffentlichen Dirnen hat
kuberieren zahlen
Küche versteckter Platz
Kuckuck Amtssiegel
kuffen schlagen; zur Nachtzeit in Häusern stehlen
Kuhle ein Stück Brot
Kühle Polizeigefängnis
Kühlian Kälte
Kuli Schreiber
Kümmel Schießpulver
Kümmel und Salz Pulver und Blei
Kümmelblättchen (richtig: *Gimmel-*) ein Hasardkartenspiel
kümmern kaufen
Kumpel Genosse, Begleiter
Kunaken ein Hasardkartenspiel
Kunde Reisender, Handwerksbursch, Landstreicher, Bettler
Kundenfänger Ausbeuter der „*Kunden*" s. d.
kündigen kaufen
Kuphe / *Kuppe* Büchse, Behältnis, Kasten, Hütte
Kuppe melochnen einen Kasten erbrechen
Kuppelbude Absteigquartier
Kuppelmutter Zuhälterin der Dirnen, Wohnungsgeberin
Kupfer Heu
Kür Herr, Beamter
kurav ich schlage
Kürbis Kopf
Kurdo Asche
Kurko Sonntag; Woche
Kuschmurum Brief, Akten, schriftliches Urteil
kuschog dunkel
Küse Gefangenenhaus
Kusiwemulje Brieftasche
Kusones Hemd
Kutsche Diebstasche der Laden- und Marktdiebe
Kutsche Schnur, Bindfaden, s. „*Eisenbahn*"
Kutschwach Wagen
Kuttengeier / *Kuttenhandel* Geistlicher
Kuttenschieber Hauseinschleicher
Kuttsch Tasche; Geliebte; weiblicher Geschlechtsteil
Kuwjo Würfel
Kuwo Schlafkammer (der Dirnen)
Kuwojostoß (falscher) Würfelspieler
Kwure Grab, Höhle, Versteck

L

Laatsche Frachtwagen
Lab Geld
Labardi Branntwein, Getränk überhaupt
Labe Geld
Labea Buch
Labina Schloß
labona morgens, früh
Labona der anbrechende Tag
Labstock Löffel
Lachaviben Eid
Lack Branntwein
lacker treulos, falsch, liederlich
Lacktöppe Lackschuhe
laczo gut
Ladengero Kaufmann; Verteidiger

Lads Schande
Lafun Mond (vgl. „*Lewone*“)
Lahner Komplize, der den im Spiel Geprellten wegführt
Laile Nacht
Laileschmier Nachtwächter
Lakenpatscher Infanterist
laker treulos, falsch, liederlich
lako leicht
Lallegänger einer, der zur Nachtzeit stiehlt
lallero stumm
Lalleschmir Nachtwächter
Lamden Erzgauner; auch: der gewitzigte Bestohlene
lametaleph nein, nicht
Lampe Polizei
Lampe Mond
Lampen jede Störung der Diebe bei der „Arbeit“ durch Dritte; Wächter, Polizist; Hintertreibung
Lampen abhalten, den — — den Störenden solange aufhalten, bis der Diebstahl ausgeführt ist
Lampen haben (infolge erstatteter Anzeige) Verhaftung gewärtigen
Lampen kriegen von der Störung oder Behinderung rechtzeitig erfahren
Lampen machen } angeben, verraten
Lampen reißen }
lampenfrei es droht keine Überraschung
Lampengeld Schandlohn an die Wirtin, in deren Behausung der Geschlechtsverkehr stattfand
Lampengeld sammeln Geld sammeln für einen verhafteten Zuhälter, um ihm einen Anwalt nehmen zu können
Lanci Kette
Landläufer Wagen
Landsmann der ungebildete, verbauerte Jude auf dem Land
Langa Flamme
langer Heinrich } Brecheisen
langer Lude }
Langfuß Hase
Langhälse grüne Bohnen
Langling Strick; Wurst
Langmichel Säbel, Hirschfänger, Bajonett
lango hinkend
Lango Flamme
Langschwanz Hammel
Lankos Kette
lanzen sich gütlich tun
Lappen abgelebter Gast in einem öffentlichen Haus, (Schimpfwort)
Lappen allgemeine Benennung für Papiergeld, Kassen- oder Schuldscheine
blaue Lappen 100 Mk.-, 100 K.-Noten
braune Lappen 1000 Mk.-, 10000 K.-Noten
Lappen Weber
Lapperlaushänger Ohrringdieb
Larve Gesicht, Photographie
laß hocken! laß stehen!
Late (früher: 1 Gulden, jetzt:) 2 Kronen
Laterne Polizist
Latra Leiter
Latsche Fuhrwagen
Latschekaffer Fuhrmann
latschen bummeln; schlagen
lattchenen stehlen
Lattchener Dieb, Gauner
Lattchener Hebebaum zum einbrechen
Latte Gewehr
Lattenseppel Gendarm
Lattgener } Dieb, Gauner
Lättschener }
lau nein, nichts; falsch
Laubfrosch Jäger
laue Flebbe falscher Paß
lauer Emmes falsches Geständnis, unwahre Angabe

Laufer Tripper
Läuflinge Erbsen
Launiger Soldat
Laura Freimädchen
Lauri Kette
Lauschling }
Läuschling } Ohren
Laushütte Gefangenenhaus
Läuterl Glocke
Lautih Mädchen
laven verheißen, versprechen
law nein, nicht; falsch
die G'schicht is' law aus dieser Sache wird nichts
lawen Emmes }
lawer Emmes } falsches Geständnis, unwahre Angabe
lawieren schauen, aufpassen
Lawone Mond
Laz Schande
Lechem Brot
Lechemgeiger Bettelmusikant
Lechemruch Prahler, Großtuer
Lechemschieber Bäcker
Lechemschober Backofen
Lechen }
Lechum } Brot
Lechumschieber Bäcker
Leck Gefängnis, Kerker, Zuchthaus, Haft
ins Leck kommen verhaftet werden
Lecker Zunge
leckküchen stehlen }
Leckkücher Dieb } (vgl. *„Lekach“*)
Lederzeug, schwarzes — Gendarm
leep listig, schlau, falsch
leer nichts, arm
Lef }
Leff } Herz, Mut
leff sein herzhaft, mutig, dreist sein
Lefranz }
Lefrenz } Geistlicher
Lefrenzinkind unbekannter Mensch, NN.

leftoftig gutmütig
Legem }
Legum } Brot
Legumschieber Bäcker
Lehm Brot
Lehmer }
Lehmschieber }
Lehmschupfer } Bäcker
Lehnepump die den Dirnen gegen Entgelt geborgten Kleidungs- und Schmuckstücke
Lehrbrief Urteil
Leichenfledderer einer, der Betrunkene, Schlafende, Wehrlose bestiehlt oder im Trauerhaus Gegenstände entwendet
Leile Nacht, Finsternis
Leilegänger einer, der in der N a c h t stiehlt
Leileschien }
Leileschmir }
Leileschmirer } Nachtwächter
Leim Lüge
leimen lügen
leimsieden (jemandem) zureden, schöntun
Leine Nacht; Weg, Gang, Strich
Leine ziehen auf den Strich gehen (der Freimädchen)
leinen lesen, beobachten, betrachten, nachdenken
Leinling Stuhl, Sessel
Leintuch Banknote
Leinwand! alles in Ordnung!
Leisling Ohr
Leixen Fuß
Lekach Annahme; Diebstahl
lekechen einbrechen, stehlen
Lekiche Annahme; Diebstahl
Lel }
Lelle } Nacht, Finsternis
lemaile alles, was oben, außen, unten ist
Lemaile Dachboden, Keller, äußere Rocktasche
lematto nach unten zu, unterhalb, im Keller
Lematto Keller

Lemattoschieber Kellereinschleicher
lemavav ich schlage
lemoschel zum Beispiel; (vgl. „*Moschel*")
Len Fuß
Lenattoschieber Kellereinschleicher
Lengsteruck Stange, Holz
Lennepump die von Dirnen ausgeliehenen Kleider oder Schmucksachen
Leno Kuppler
Lenz Spaß, Jux
Lenz Sonn- oder Feiertag
Lepedova Leintuch
lepochus mindestens, wenigstens
Lerchen Semmeln
lerof genug
leschasch zum Teufel!
leschem deshalb, deswegen
um leschem Schemaum! um Himmelswillen!
Leschon Zunge, Sprache
Leserl Zeitung
Lesfinne Lade unterhalb des Geldeinwurfes
Leß Kette
Lessin Knoblauch
Letsamen Kerker
Leuchterl Lampe
Leusling Ohr
Leute, von unsern — sein Jude, Schinder, Gauner sein, je nach der Eigenschaft des Sprechenden
lewaige tun } sich an jemanden
lewaje tun } drängen
lewen Emmes falsches Geständnis
lewiren aufpassen, schauen, lauern
Lewone Mond, mondförmige Öffnung
Lewone, choze — machen } mondförmige
Lewone, halbe — machen } Öffnung bohren, um zum Schloß oder Riegel zu kommen
Lewone machen, ganze — — kreisrundes Loch aus der Tür schneiden, um zum Schloß oder Riegel zu kommen
lewtewtig } gutmütig
lewtoftig }
Lex Hund
Lez Musikant
Liche geheimer Gang, Fußsteig, Schleichweg
Licht Polizei
Liebling Brot
Lieche } s. „*Liche*"
Lieke }
Liel Brief, Paß
Lieserl } Sonne
Lies'l }
Lil s. „*Liel*"
lilo närrisch
Lilvalo Schulmeister
Lima Hemd
Lindra Schlaf
link alles, was falsch, nachgemacht, unecht ist (z. B. *Linkfleppen* falsche Papiere, *linke Mesumme* falsches Geld)
link nischbenen falsch schwören
linke Zinken falsche Stempel
Linke, der — der „Unbekannte"
linke Kassiwe falscher Paß
Linker Gauner, Betrüger, Fälscher, Verräter
linker Ed falscher Zeuge
linker Malocher einer, der falsche Pässe macht
Linkmichel beginnender, ungeschickter Vagabund, Neuling in der Gaunerwelt
Linksanwalt Winkeladvokat
Linkspieler Falschspieler
linkzachenen } falschspielen
linkzachnen }
Linsen Geld; auch: Wäsche
Linz Spur, Kleinigkeit, Wenigkeit
linzen hören, sehen, blicken
lip werden bemerken, wahrnehmen

lo nicht, nein
Lobbi } Geld
Lobi }
lobock nutzlos, zwecklos
Loby s. „*Lobi*"
Loch } Gefängnis
Locke }
Loeformat falscher Brief
loer Emmes falsches Geständnis, unwahre Angabe
Lohu Wohnungseinschleicher
Loj Geld
Loli Goldstück
Lolo der Rote
Lon Salz
Lorchen Brötchen
Loschen Zunge, Sprache
loschen reden, sprechen
Loschke Löffel
losen zuhören, aufpassen
loses Pulver Kleingeld (Münzen) in den Taschen
Loßl } Ohr
Loßling }
losschabbern losbrechen
Lot Ordnung
Loth Schandlohn im Bordell
Lötkolben Nase
Lotterl Wirtin, Beschließerin in einem öffentlichen Haus
Lötwasser Schnaps
Louis Zuhälter, Dirnenbeschützer
Love Geld, Münzen
Lovengri Post, Geldbeutel
Lovina Bier
Lowe Geld, Münzen
lowen weiß, silbern
Lowen } Papier
Lowenes }
Lowenneschurch Leinenzeug, Wäsche
Lowi } Geld, Münzen
Lowo }
Luach Tafel, Kalender, Notizbuch
luachern sehen; horchen
Luball Verräter, Schmarotzer; auch: ängstlicher Mensch
Lublin }
Lubni } Freimädchen
Lubno }
Lubunici Kartoffeln
Luch Tafel, Kalender, Notizbuch
Lude Zuhälter; Brechstange
Ludewig Zuhälter
Luft Freiheit
Luft, in die — gehen aus der Haft entlassen werden
Luft Hunger
Lukesto Soldat
Lul Wendeltreppe
Lulin Freimädchen
Lülke Tabakspfeife
lülken Tabak rauchen
lummeln } überlisten, täuschen,
lummern } etwas vormachen
Lump Konfident der Polizei
lunen übernachten
Lunka Wiese
Luppe Uhr, besonders Taschenuhr
Luppe zupfen die Taschenuhr stehlen
Lupperschlange Uhrkette
Luppert Taschenuhr
Luppert Pistole, Revolver
Lurdo Soldat
lustige Sieben } ein Würfel-
Lütje elf } glücksspiel
Lutscher Zucker

M

ma nicht
ma pehen! sage nicht!
Maas Geld
Maase Tat, Werk, Fabel
Maasenaires Kinderei
Maatschappij Verbindung zu gleichem Gewinn und Verlust (auch zu betrügerischen Zwekken)
machen jede gaunerische Tätigkeit: stehlen, betrügen, falschspielen
Machile Verzeihung

Machile Gesäß
machimmet umsonst, unentgeltlich, aus Gefälligkeit
machulle gefangen, fertig, krank, zahlungsunfähig
Machwire handeln Taschendieb sein
Mack Schmer, Speck
Macke Schlag, Hieb, (falscher) Stich beim Kartenspiel
Mackeis Schläge
Mackel Stock, Prügel
Mackel spüren die Sache merken
mackeln prügeln, schlagen
mackenen stehlen (mit Dietrich)
Mackener Dieb (mit Dietrich)
Macker Kenner, Vertrauter, Meister, Gönner der Gauner
Mackes überbauen Prügel bekommen
Mačo }
Maczo } Fisch
Mader }
Madrat } Hunger
Mafteach Schlüssel
Magaie Schläge, Hiebe
Magscheye Hexe
Magsere Axt, Säge jeder Art
Mahl Kamerad
Mahro Brot
maier 'griffen werden auf frischer Tat verhaftet werden
maier werden verhaftet werden
Maijim Wasser, Meer, Strom, Hafen
Mailo Staffel, Stufe, Treppe, Erhabenheit
Mais Frau, Braut, Mädel, Freimädchen, Geliebte; weiblicher Geschlechtsteil
Maise Tat, Werk, Fabel
Majem Wasser, Meer, Strom, Hafen
majemen regnen, taufen
Majon Quelle, Brunnen
Majum s. *„Majem“*
Makei, unter — haben verstecken
Makes Schlag, Hieb, (falscher) Stich beim Kartenspiel
Makir Kenner, Sachverständiger
Makir sein }
Makka tun } kennen
Makke }
Makkeirs } s. *„Makes“*
makkenen stehlen (mit Dietrich)
Makkener Dieb (mit Dietrich), Einbrecher
Makkes Schlag, Hieb, (falscher) Stich beim Kartenspiel
Mackes stecken schlagen
Makko s. *„Makkes“*
Makom }
Makum } Ort, Stelle, Stadt, Wohnung; Zuchthaus; Prügel
Mal Genosse
Malbisch }
Malbosch }
Malbusch } jede Art Kleidungsstück
Malches Königreich
Maline Herberge
Malke Königin
Malmich s. *„Malbisch“*
Malmisch Brusttuch
Malni Herberge
malochen machen, schreiben
Malocher Macher, Schreiber
maluchen s. *„malochen“*
Malucher s. *„Malocher“*
Malun Herberge
Malves Männerrock
mammen leise sprechen, geständig sein, bekennen, verraten
Mammere Mutter
mammesch wirklich, verläßlich
Mammesch das Greifbare, die Wirklichkeit
Mammon Reichtum, großer Gelddiebstahl
Mamser Bastard; durchtriebener Mensch
mamsern leise sprechen, geständig sein, bekennen, verraten
Manaschwerekör Zuchthaus, Strafanstalt

Mand Männchen
Mand Messer
Mandeln, gebrannte — schlechtes Pflaster
Mangeur Gehilfe des Falschspielers, der falsche Karten einschmuggelt
manischtanne überklug, mit Gaunern bekannt, vertraut
Mann, ganzer — (jetzt:) 100 K-Note
Mann, großer — (jetzt:) 1000 K-Note
Mann, halber — } (jetzt:) 50 K-Note
Mann, kleiner — }
Manndl Taschenmesser
Manschetten Handfesseln
mansern leise sprechen, geständig sein, bekennen, verraten
Mantel Dach
Manul Riegel, Kette, Fensterhaken
Manuš Mann, Mensch, Zigeuner
Maquillage Kennzeichnen der Karten zum Falschspiel
Marchez Wäsche, Waschzeug
Marchez haben viele Beschuldigungen und Beweise gegen sich haben, arg belastet sein
Marchez, in die — kommen in eine heikle Untersuchung gezogen werden
Marchizer besonders geschickter Dieb, Wäschedieb, Dieb in Herbergen, durchtriebener Gauner
Mare Gestalt, Spiegel, Anzeiger
marel schlagen, prügeln
Maremokum falsches Alibi
Margediser Falschmünzer, Falschgeldwechsler
margisch empfindlich, verdrießlich
Margoleaus Perlen
Marie } Geld, Brieftasche
Mariedl }
Marketzer einer, der Schlafende oder Trunkene bestiehlt
markieren vortäuschen
Maro Brot
Maroche Grenze
Marpe Heilmittel, Arznei
Marrastl häßlicher Mensch
Marremokum falsches Alibi
Marro Brot
Marschierer, ([die] stille[n]) — Filz- oder Gewandläuse
Marschierpulver Arznei; Gift
Martine } Gerichtsbezirk, Land, Provinz
Märtine }
Märtine verkasselt landesverwiesen
Martinifleppen Zeitung
Marzea Bohrer, Pfriemen
Mas Fleisch
Masager Schlosser
Masager Schloß; Gefängnis
Maschari Mutter Gottes
Maschine System verabredeter Zeichen der Falschspieler
Maschke Getränk
Maschke Pfand(stück)
maschkenen versetzen, verpfänden
Maschkon Pfand(stück)
Mase Tat, Werk, Fabel
Masel Glück
maseldick glücklich, reich
Masel tof! Geld, viel Geld!, Glück auf!*)
Masematte } gewaltsamer Diebstahl
Masematten }
  einen M. stehen haben einen ausgekundschafteten gewaltsamen Diebstahl in Aussicht haben
  heute fällt der M. heute wird der Diebstahl ausgeführt
Masematten im Untergrund Kellereinbruch
Masematten Wohnung, überhaupt Ort, wo etwas zu stehlen ist
Masengero Fleischer

*) Jüdischer Geburtstags- u. Neujahrswunsch, auch unter Gaunern üblich.

Masger Schlosser
Masger Schloß; Gefängnis
masik scharf, beißend
Masik Beschädiger, Teufel
maskar zwischen
Maskop / *Maskopei* } Verbindung zu gleichem Gewinn und Verlust (auch zu betrügerischen Zwecken)
Massel Tabakspfeife
massel sein verhaftet sein
Massematten s. *„Masematten"*
Massematten baldowern eine Diebstahlsgelegenheit auskundschaften
Massemattenhandel ein bestimmtes, erst auszuführendes Gaunergeschäft: Diebstahl, Betrug; Diebsbeute
Masser Verräter
Masser, witscher — Gauner, der nicht zu leugnen versteht
massern reden, bekennen, warnen, verraten; heimlich verständigen
Massim Schloßgebäude
Matakerdo Betrunkener
Mathin Fliege
Mätine Gerichtsbezirk, Land, Provinz
Matnas Jad Ohrfeige (eigentlich: Gabe aus der Hand)
mato schlagen
.*Matrellen* Kartoffeln
matt warm
mattche ein wenig, kurze Zeit, eine Kleinigkeit
Matte Ast, Stock
mattibern reden, sprechen
Mattimgippisch Diebsstreifzug
Mattine Gerichtsbezirk, Land, Provinz
Mattipen Trunkenheit
matto hinab, abwärts, unterhalb
matto betrunken
Mattobalo Trunkenbold, (als Schimpfwort: besoffenes Schwein!)
Mattof Keller
mattoi betrunken
Matton / *Mattone* } Geschenk, Gabe
Matze (jüdischer) Osterkuchen
Matzeponim blatternarbiges, häßliches Gesicht
mau faul, bedenklich, erfolglos
maude sein / *maude werden* } gestehen
Mauer reißen die „Mauer" machen, d. h. den eigentlichen Dieb gegen den Beobachter decken, damit der Diebstahl sicher ausgeführt werden kann
Mauermacher einer, der solches (s. *„Mauer reißen")* tut
maukas machen / *maukers machen* } umbringen
Maure Furcht, Angst
Maure furchtsamer, ängstlicher Mensch
Maus Mädel, Frau; Freimädchen
Mauschel jeder, der über große Gewalt verfügt: Landesherr, oberster Richter, Polizeileiter, Staatsanwalt
Mauschel armer Jude
mauscheln betrügen
Mauscheln verbotenes Kartenglücksspiel
mausen stehlen
Mauser Dieb
me ich
meannes sein notzüchtigen
mebeln an sich bringen, kaufen
mechanne sein genießen, aufgehen lassen, zugute kommen lassen
mechant schlecht, bösartig, garstig, boshaft, häßlich
Mechaschef Zauberer
Meches Abgabe, Zoll; Zolleinnehmer
Mechile Verzeihung
Mechile Gesäß
Mechire Verkauf

Mechire Disziplinarstrafe im Gefängnis
medabbern reden, sprechen
Medine Gerichtsbezirk, Land, Provinz
Medinegeier Landhausierer
Medine holchenen beschäftigungs- und unterstandslos umherziehen
Medinekiewisch Landstreifung
Medinespecht } Gendarm, Landpolizist
Medinezajod }
Mees Geld
meesmol von gestern
megen ertränken; Harn lassen
Meger Geld
Meger, weißes — Silbergeld
Megerre Säge
Megerschieferer Geldwechsler; einer der beim Geldwechseln stiehlt
Megum Wasser
Mehl Brot
Meierei Busen
meine Tante — deine Tante (Karten-) Hasardspiel
Meis Mädel, Frau; Freimädchen
meistern täuschen, betrügen, ablenken (zur Unterstützung des Ausführenden)
mejuchas sein sich zu einem Stamme zählen
Melach Salz
Melech König
Melkerin Freimädchen, welches den Gast beim Geschlechtsverkehr bestiehlt
Meloche Geschäft, Arbeit, Gewerbe
Melochebajs Zuchthaus, Strafanstalt
melochen machen, schreiben, arbeiten
Melochener } Schreiber, besonders Handwerker
Melocher }
Melochernbeiß Zwangsarbeitsanstalt
melochnen s. „*melochen*“
eine Blöde melochen eine Fensterscheibe eindrücken
eine Kuppe m. ein Behältnis erbrechen
Lewone m. ein Loch ausbrechen, aussägen
Melochner s. „*Melocher*“
Melochumbeiß Zwangsarbeitsanstalt
Melommet Lehrer
meluach gesalzen
memissen töten
Memkor Verkauf
Men Mutterleib, Hals
menkeln essen
Menolemer Schuster
Menoler } Schuhe; (vgl. „*Naal*“)
Menolim }
Menolimmelochner Schuster
Mepaie Geld
mephalpel sein streiten, zanken
Meramme Betrüger
Merchez Wäsche, Waschzeug
Merchizer besonders geschickter Dieb, Wäschedieb, einer, der in Herbergen stiehlt, durchtriebener Gauner
merfen huren
Mergezer s. „*Merchizer*“
Mergotz Wäsche, Waschzeug
Mergotzkordel Waschkessel
Meriben Tod
Meribnaskro Mörder
Merimos Tod
meriv sterben
Merkof Wagen
Merkofesch Eisenbahn, Lokomotive; (vgl. „*Rachaw*“)
Merla Tod
Mertine Gerichtsbezirk, Land, Provinz
meschacker berauschend
meschackern betrunken machen
meschallem sein befriedigen, bezahlen
meschammer sein hüten, bewahren, beaufsichtigen

meschammes sein } bedienen,
meschammesch sein } Beischlaf ausführen
meschanne veränderlich, wortbrüchig
Meschi Seide; Honig, Kalk
Meschores Diener, Knecht
meschucke } verwirrt, verrückt,
meschugge } toll, trunken
meschulmen befriedigen, bezahlen
Meschummod getaufter Jude
meschunne unversehens, wunderbar
Mese Mädel, Frau; Freimädchen
Mesime Geld
Mesinum Banknote
Mesinumpflanzer Banknotenfälscher
mesnoken gefährlich
Meß Tod, der Tote
Messager Schlosser
Messager Schloß; Gefängnis
Messire Vorrat, Anzeige, Warnung
messuken gefährlich
Mesumme Geld
Mesumme sippern Geld zählen
Mesummecheder Kassengewölbe
Mesummekis Geldbeutel
mesummen zubereitet, abgezählt, bestimmt, bar
Mesümpe Geld
Mesuse liederliche Frauensperson
Mette } Bett
Metten } Bett
Metten Ast, Stock
Meter (deutsche Reichs-)Mark
Meter ein Monat (Kerker oder Arrest)
Metzner Tölpel, ein splendider Mensch
Metzner Jahr
mewaschel sein kochen, sieden
Mewaschler Koch
Michel Säbel
Michse Decke, Zeltplache (über Frachtwagen)
miegen ertränken, Harn lassen
mies } schlecht, ungünstig, elend,
mieß } widrig
Miftoch Öffnung, Loch
Mifzer Festung, Festungshaft
Milchome Krieg
mili sein verhaftet sein
milisieren verhaften
millek sein verhaftet sein
Millingeher Verhaftung
Miltes Bett
Minč weiblicher Geschlechtsteil
Minett einer, der den Geschlechtsteil eines Andern leckt oder dies an sich selbst duldet, vornehmen läßt
Minnige Geld
Mirgešnoi } Gift
Mirgo } Gift
Miriklo Perlen
Mirl Pferd
Mirl Kassa
mirmo Betrug
mis schlecht, ungünstig, elend, widrig
Mischerl Spielkarten
Mischpet Gericht, Prozeß, Untersuchung
mischpet sein sich in Untersuchung befinden
Mischpetführer der vorsitzende oder untersuchende Richter, Beamte
Mischpetkaßwener Gerichtsschreiber, Protokollführer
Mischpoche } Geschlecht, Familie,
Mischpoke } Diebsbande; Zuchthausgenossen; Geheimpolizei
Mischpot Gericht, Prozeß, Untersuchung
Mischte Gelage, Gastmahl
mise schlecht, ungünstig, elend, widrig
Miso Tod
Mißnick dummer Mensch
Mistkratzer } Huhn
Mistkratzerl } Huhn
Mitte Bett, Lager

mittemol von gestern
mitlippeln die Strafe mitverbüßen; mitspielen; mitstehlen
mochel sein verzeihen, vergeben
Mocher Kaufmann; Händler
mocher morgen (Gegensatz zu: heute)
Mochto } Truhe, Kiste, Kasten
Moddo }
Mode machen eine Wohnung ganz ausräumen; mit jemandem fertig werden
Mode sein gestehen, bekennen
Moder Hunger
Modia sein bekannt machen, zu erkennen geben
modig faul
modt sein gestehen, bekennen
Mogum Ort, Wohnort, Stadt; Zuchthaus; Prügel
Mohr Furcht, Angst
Mohrflebbe Steckbrief
Mohrrübe Polizeibeamter
Moire Furcht, Angst
Molje Tasche
Mokchem }
Mokem }
Mokkum } s. „*Mogum*"
Mokom }
Mokum }
Mokumgeier Stadthausierer
Mol Wein
mole voll, angefüllt
Molivo Blei
Molje } Tasche
Molle }
mollen beschneiden, wegnehmen, verkleinern; betrügen
Molsamer Verräter
Molum Rausch
molum betrunken
Molun Herberge
Mom Wachs
Momeli } Licht
Mommli }
Momon Reichtum, großer Gelddiebstahl
Mön Mutterleib, Hals
Mond putzen Licht machen, beleuchten
Mondputzer Diebslaterne, Blender
Mondschein! ein Wachmann!
Mondschein Lampe
Moneten Geld
Monro Bruder, Freund
Moos Geld
ins Dorf gehen und M. holen jemandem Geld aus der Tasche stehlen
Moos garniert gestohlenes Geld
Mooskuppe Geldschrank, Kasse
Mooskuppe würgen eine eiserne Kassa aufsprengen
Mops Geld
Möpse Gelder
mopsen stehlen
Mopser Dieb
Mordai Mutter
Mordat Vater
More Bruder, Freund, Zigeuner
moremme sein betrügen
moren Lärm machen
Morgengänger Diebe, welche früh morgens einschleichen und stehlen, was gerade zur Hand ist
Moro Bruder, Freund, Zigeuner; (Anruf)
Morsch Hengst
Morthi Leder
Mosch Frau
Mosche Frau, Braut, Mädel, Geliebte, Freimädchen; weiblicher Geschlechtsteil
Moschel jeder, der über große Gewalt verfügt: Landesherr, oberster Richter, Polizeileiter, Staatsanwalt
Moschel Gleichnis, Beispiel
Moser Verräter
mosern verraten, sprechen, sich verständlich machen
mosok süß, lieblich
Mosok Zucker
Moß Tod

Mosser Verräter; (vgl. „*Masser*")
mosser sein | *mossern* } verraten, sprechen, sich verständlich machen
Moter Regen
es motert es regnet
Motschka Gefängniskost
Mous Geld
Mowes Tod
mro mein
Muck Weib
muckle frei, losgelassen
Muddelei Kartenspiel
muddeln kartenspielen; betrügen
Muff bekommen Verdacht bekommen
muffen riechen, schmecken, küssen
Muffer Nase
Mühle Tür, Deckel
Mühlkracher Axt, Beil (zum Aufbrechen von Türen, Kasten usw.)
Muj Mund
Muke Bettelweib, besonders Hausarme
Mulde Tasche
Mulendo der Tote
Mulje s. „*Mulde*"
Müllnerflöh' Läuse
Mulo | *Mulro* } Tod, Geist, Gespenst
Muradi Messer, Rasiermesser
Murdalo Aas
Murer (gestohlene) Gegenstände
Murer Rauferei, Lärm, Auflauf
murerisch verdrießlich
Murf Mund, Kuß
Murfel altes Weib
murfeln riechen, schmecken, küssen
Muri Gans
Mursz Mann, Kerl
mursz Grei Hengst
Muscatella Balsam
Musch Frau, Braut, Mädel, Geliebte; weiblicher Geschlechtsteil
Müsch Frau
Musche | *Müschel* | *Muschel* } s. „*Musch*"
Muschpoke Geschlecht, Familie; Diebsbande; Zuchthausgenossen; Geheimpolizei
Muse haben syphilitisch sein
Musi Hand
Musi(k) haben s. „*Muse haben*"
Muß Mädel, Frau; Freimädchen
Musse Weib, Mutter
Musserer Verräter
Musspritze Regenschirm
Mutter Zuhälterin der Dirne, Wohnungsgeberin
Mutter Grün freier Himmel
bei Mutter Grün schlafen unter freiem Himmel nächtigen
Muttera Harn
Muznähes Mütze
Mynheer (= holländisch:) mein Herr; Spitzname für Holländer

N

na nein
na, auf — spießen | *na, auf — stehen* } leugnen
Naal Schuh
Nachasch Geldrolle, Geld
Naches Freude, Vergnügen, Ruhe, Zufriedenheit
nachfliegen nachgehen
nachpaulisieren, einem — oder *nachschimmeln* jemanden verfolgen
Nachteule Polizist zur Nachtzeit
Nachtfuhre nächtliche Beseitigung des Gestohlenen
nachtippeln verfolgen
N'ack Nase
Näck einzelne Zelle im Gefängnis, Nummer der Gefängniszelle
Nado Rohr, Röhre
Nafke Gassendirne
nafkenen auf den Strich gehen, mit Dirnen verkehren

Nagako Feind
Nagel Tabakspfeife
Nagel Zeugnis, Ausweis
Nägel machen großtun, prahlen
Naj Nagel
Nak Nase
Nallsa Pfriem, Ahle
nango nackt
Nappach Schmied
Narodos Freund
Našado der Erschlagene
našav ich laufe
našavav ich schlage tot
näschen durchsuchen (besonders die Taschen der Gefangenen)
Nasenkönig Spitzname für einen mit einer großen Nase; Naseweiser, Vorwitziger
Naserer Päderast
Nasius | *Naso* } s. *„Nasenkönig"*
naß ohne Geld
Nassauer einer ohne Geld; einer, der ohne Zeche zu zahlen, davongeht; einer, der sich von Anderen aushalten läßt
nassenen geben, schenken
nasser Kober ein Liebhaber, der kein Geld hat, nicht bezahlt
Nasvalipe Krankheit
nasvalo krank
Nathe Leiter
Natschai Trinkgeld, aber auch: Schweiggeld
Naturforscher Lumpensammler
Nauef Ehebrecher
nausse sein geben, schenken
navi ich weiß es, verstehe es
nebbich ja, fürwahr, leider
Nebel Schalk, Narr
nebich s. *„nebbich"*
Nibich ein ungeschickter Gauner, der beim stehlen nur zu untergeordneten Leistungen verwendbar ist
Nebudy Blutsfreunde
Nedsch | *Nedscher* } (früher: Kreuzer, jetzt:)Zweihellerstück
Nefel Fehlgeburt; (auch Schimpfwort:) Bube!, nichtswürdiger Mensch!
Nefere Sünde
Nefesch Seele, Leben, Geist, Person
Nefesch Weste
Nefke Gassendirne
Negine Singweise, Lied
Nekef Spalte, Einbruchsstelle
Nekef Gefängnis
Nekewe Weib, Gattin
Nekof Loch, Höhle
Nelum Schuh
Nelumsmalocher Schuster
Nemone Religion
Neppe Kleinigkeit, falsche Steine, falsches Gold und Silber
neppen unechte Sachen als echt verkaufen oder versetzen, betrügen
Nepper einer, der falsche Sachen für echt ausgibt
Nepper Hausierer mit wertlosen Gegenständen
neppernischen durchsuchen (besonders die Taschen der Häftlinge)
Neppes ziemlich wertlose Gegenstände, denen in Betrugsabsicht ein hochwertiges Aussehen gegeben wird (vgl. *„Neppringe", „Neppuhren"*)
Neppes Mehrzahl von *„Neppe"*, s. d.
Neppringe vergoldete, versilberte Ringe, welche in Betrugsabsicht als echt golden oder silbern verkauft werden
Neppuhren vergoldete, versilberte Uhren, welche in Betrugsabsicht als echt golden oder silbern verkauft werden
Ner Licht, Lampe
Ner Gescher! guten Abend!
Neres Licht, Lampe
nerog ermordet

Nervus Peking }
Nervus Plenny } Geld
Neschome Leben, Seele
Neschome nehmen das Leben nehmen, töten
Nessine Kasse, Geldschrank, Abgabe
Nettl Mädchen
Neves Mütze
newich ja, fürwahr, leider
Newie Kartenaufschlägerin, Wahrsagerin
Newil Schalk, Narr
Nibul-Pe Schandmaul
nicht zünftig nicht eingeweiht
Nichtzünftiger ein Uneingeweihter
Nida }
Nidde } ein Weib, das die Regel hat; Freimädchen
Nide }
niederlegen gestehen, ein Geständnis ablegen
niederlegen, sich — Geld hergeben, bezahlen
niedermachen s. *„niederlegen"*
niftern sterben
Niggun Singweise, Lied
Nifall Frühjahr
nikana }
nikda } nie
niklen tanzen
niko niemand
Nille Spaßmacher, Narr; männlicher Geschlechtsteil
Ninco Deutscher
nischbenen schwören
nischen hervorsuchen, untersuchen; das (Umher-)Streifen der Polizeibeamten nach Gesindel, Gaunern usw.; auch anstreifen, (wie es Taschendiebe machen)
Nischer Aufspürer, Aufsucher
nitfeß gefangen
Nitfeß Haft, Arrest
Niuf Ehebruch
Niwig ungeschickter Gauner, der beim stehlen nur zu untergeordneten Leistungen verwendbar ist
Nochosch Geldrolle, Geld
Noef Ehebrecher
Noefes Ehebrecherin
Nolle Hafen, Flasche, Topf
Nolle Schloß
nollen rütteln, drehen, mißhandeln, einschließen
Nomade Falschspieler in mittleren Volksschichten
noppeln beten
Nordlicht Schnaps
Nospeler }
Nospelpeter } Besenhändler
nosseln }
nossen } geben, schenken
Nossi von Babel Großtuer, Prahlhans
novi ich weiß es, verstehe es
Nowel Schalk, Narr
Nowi Wahrsager
Nuca Schwiegermutter
Nürschel Bett
nüschen hervorsuchen, untersuchen; das (Umher-)Streifen der Polizeibeamten nach Gesindel, Gaunern usw.; auch anstreifen, (wie es Taschendiebe machen)
Nuscher }
Nüscher } Aufspürer, Aufsucher
Nußknacker Ölmühle
Nutte junges Mädchen, welches Männer anzulocken sucht
Nyka Besuch

O

o der, ein
oben Kriminalpolizei
Oberhaber Gefangenen-Oberaufseher; Anführer einer Diebsbande
Oberhänger Mantel, Überzieher
Oberheh Polizeidirektion (vgl. *„Heh"*)
Oberkopf Mütze, Kopfbedeckung

oberkünftig nach oben zu, oben
Obermakler Gefangenen-Oberaufseher
Obermalbisch Mantel, Überzieher
Obermann Hut; Fußboden
Obermann vom Rosch zupfen die Haut vom Wild abziehen
Obermassinger Gefangenen-Oberaufseher
Oberpalmachum Offizier
Oberschauter, *Oberschautter* Direktor, Vorsteher, Oberbeamter des Gefängnisses
Oberschenkel Oberbeamter
Oberschoter, *Oberschotter* s. „*Oberschauter*"
Oberwandel Hut
Oberzinker Polizei-, Gefängnisdirektor
Ochsenkopf Arbeitshaus
Ockelbe Buckel, Rücken
odai dort
Odaun Herr, Gebieter
odja dorthin
odoleske deswegen
Offizier besserer Zuhälter
Ogbrom Narr, Schreckbild
Ohrgehäng Ohrfeige
olmisch langwierig, alt, lebenslänglich
olmisch Knaß lebenslänglicher Kerker
olmusch s. „*olmisch*"
Oloff Branntwein
Ölpullenbruder Päderast
olterisch alt
Oluff Branntwein
Olus Wand
Oochbram Narr, Schreckbild
Oraš Stadt
Orden (metallenes) Dienstabzeichen der Kriminalbeamten
Ordensmann Kriminalbeamter mit solchem (s. „*Orden*") Erkennungszeichen
oren beten, nachgeben, demütig sein
Orez Erde, Land
Ori Uhr
Oron Truhe, Kasten, Sarg
Oruji Rind
Oschpies Wirt; einer, der Verdächtiges kauft
Osen Uhr
osenen machen, tun, bereiten, erwerben, zuwegebringen, darbringen
Osne Uhr
Ospes Wirt; einer, der Verdächtiges kauft
Ossene Uhr
osser verboten
Oßnik s. „*Ossene*"
osune finster
Ozel fauler Gauner, der die andern tun läßt und selbst faulenzt, Müßiggänger

P

Pabing Gans
Pacht Geld, (besonders der Erwerb des Zuhälters)
Pachulke Gefangener, der Hausdienste versieht
Packeln Schuhe
Packelwagen Gefangenentransportwagen
packen stehlen
packern vergiften (besonders Haushunde); sterben, töten, schlachten
Packler Schuhe
Packschieß Paket
Padde Geldtäschchen
Padde drücken, eine — — eine Börse aus der Tasche stehlen
padden Taschendiebstähle verüben
Paddendrücker, *Paddenklauer*, *Paddenmacher*, *Paddenmelucher*, *Paddenzieher* Taschendieb
Padjen Hand

pafen trinken
pagat mittellos, zerlumpt
Päger ein sofort und sicher wirkendes Gift, welches Gauner in Brot, Fleisch u. dgl. mengen und so den Wachthunden vorwerfen, um sie sogleich unschädlich zu machen
Pago Eis
Pahle Holz
Paho Eis
Pahunis Bart
Pajakenketscher Gurten zum Führen von Schubkarren, Hosenträger
Pajo Eis
Paki Strafe
Palanzer Bettler
Palitschek einhängen sich heimlich davonmachen, besonders zechprellen
Pallopetschen } allgemeine Bezeichnung für
Pallopeten } höhere Polizeibeamte
Palm Soldat, Posten
Palmauni der „NN.“, „XYZ“, „Dingsda“
Palmbruder ein Heruntergekommener
Palme städtisches Asyl (in Berlin)
Palmer Soldat, Posten
Palmoni s. „*Palmauni*“
Palobreck Brust
Palpoth Herr
Paluni Fensterladen
panurgisch verschmitzt, verschlagen
panx fünf
Pany Wasser
Panzerheinrich Brecheisen mit verstellbarer Klaue
Pappert Papier
Pappschuster Buchbinder
Papus Großvater
Parach Aussatz, Krätze; (auch Schimpfwort:) Glatzkopf!
Paradies Strafanstalt
Parasit Zutreiber und Gehilfe des Falschspielers
Parch ein mit Krätze behafteter Mensch, (Schimpfwort)
Pardes Gefängniszelle, Strafanstalt
Parind Decke
Pariser Filzschuhe
parno weiß
Parno Nichtzigeuner
Paro Last
Parrach s. „*Parach*“ und „*Parch*“
Parreneskero Bienenkorb
Parta Brand, Feuer
Pasalo (früher: Kreuzer, jetzt:) Zweihellerstück
pasch halb
pasche bloß, gewöhnlich
Pasche Pfennig
paschen gestohlenes Gut kaufen und weiterverhandeln, schmuggeln
Pascher Hehler, Schmuggler
Paschwere Gerippe
Paschwero Rippe
paskenen Urteil sprechen
Pasrat Mitternacht
passen s. „*paschen*“
Passer s. „*Pascher*“
Passung Einbruch, Öffnung, durch welche der Dieb in ein versperrtes Gebäude gelangt (vgl. „*Pessach*“)
Passung machen gewaltsam öffnen
Patavo Strumpf
paternollen beten
patersch schwanger
paterschen schwängern
Pathc Pfandgeber, Pfandleiher
Patjarimos Dach
Patola Hufeisen
Patronalschure Rosenkranz
pattern loslassen, entlassen
Patu Bett
Patuna Ferse
Patyka Apotheke
Pauken Syphilis

paulihauen } wegwerfen
paulilahnen }
Paulin ansagen } davonlaufen
paulisieren }
Paulitschöcherer Zechpreller
pausen, sich — } sich fürchten
paussen, sich — }
Payger ein sofort und sicher wirkendes Gift, welches Gauner in Brot, Fleisch u. dgl. mengen und so den Wachthunden vorwerfen, um sie sogleich unschädlich zu machen
paygern vergiften (besonders Haushunde); sterben, töten, schlachten
pchagerav ich breche
Pchagi Strafe
Pchen Schwester
Pcheribnaskri Gewehr
Pchikengri Hosenträger
Pchiko Schulter
Pchral Bruder
pchuro alt
Pchuro der Alte
Pchus Stroh
Pchuv Erde
Pe Mund, Kuß
Pech Geld
Pech geben fliehen
Pechhengst Schuster
pecken essen, genießen
Pee Mund, Kuß
Pega } Hundegift, Tod, Leiche
Peger }
pegern vergiften (besonders Haushunde); sterben, töten, schlachten
pegern gehen sterben
pegrisch krank
Pegrische, das — Spital
Peh Mund, Kuß
Peiger Hundegift, Tod, Leiche
peigern s. *„pegern“*
Peitscherlbua Zuhälter
Peizaddik Polizei
Pekudo Amt eines Amtmannes
Pekus Dummkopf, Tölpel
Pelcki Karten
Peliši Gefahr
Pelle Kleidung
Peller (steifer) Hut
Pelo Hode
Pelta Dienstesabzeichen der Kriminalbeamten
Pengovi (früher: Gulden, jetzt:) Zweikronenstück
Pennbruder einer, der im Freien übernachtet, der die *„Penne“* (= Herberge) besucht, verkommener Mensch, versoffener Herumstreicher
Penne Herberge, Kneipe
Penne, kesse — niedrige Herberge
Penne, platte — Nachtquartier bei vertrauten Leuten
Pennebos } Gaunerwirt, Wohnungsgeber
Pennemester }
pennen wohnen, nächtigen
Pepihacker Pferdefleischhauer
Per Bauch
perat absonderlich, sonderbar
Perdas Fremder
Perez Bruch, Riß, Einbruch
Periz Einbrecher, Räuber
perkooch } mit Gewalt, gewaltsam
perkoch }
perkoch gehen auf schwere Diebstähle ausgehen, Einbrecher, Räuber sein
Perkoch Dieb, der Gewalt anwendet, Einbrecher, Räuber
Perkochem } Einbrecher, Räuber
Perkochhändler }
Perlich Perle
perschieren eine Schußwaffe laden
Peruto Pfennig
Pessach Tür, Tor, Einbruch
Pessiche Schlüsselloch
Pessil Faden, Schnur
Pessuch Tür, Tor, Einbruch
Pesterspruchertl tschechisch; verstellte Rede, Gaunersprache

Peta Ofen, Herd

Petalos Hufeisen

Pethe Pfandgeber, Pfandleiher

Petite Betrug

Petroleurs Zuhälter (niederer Art)

petzen bei der Polizei verraten

peugern vergiften (besonders Haushunde); sterben, töten, schlachten

Pezadik
Pezet („PZ“) } Polizei

pezetten bei der Polizei verraten

Pezira Stumpfheit, Scharte; Feile, Säge (zum ausbrechen aus der Haft)

Pezma Besen

Pfeffer Schießpulver

Pfeffer und Salz Pulver und Schrot

pfeffern eine Schußwaffe laden

Pfefferstock Stockflinte

pfeifen gestehen; einen andern belasten

pfeifen schlafen

pfeifen, bei der Hasin — unter freiem Himmel schlafen

Pfeifer der Geständige, Angeber, Verräter

Pferdetole großes Vorhängschloß

Pferscher Dummkopf, Tölpel

Pfiff abhalten, einen — — (unter freiem Himmel) schlafen

Pfiff pagat sein unterstandslos sein

Pfiffes
Pfiffges } Handwerksbursch

Pfistl Dummkopf, Unerfahrener

Pflanz Schwindel, Lüge

pflanzen lügen, vortäuschen

pflanzen stecken, schieben, einführen

Pflanzer Handwerker, Arbeiter; (besonders in Zusammensetzungen gebräuchlich, z. B. *Stichlingspflanzer* Schneider)

Pflanzmoß falsches Geld

Pflanzmurer blinder Lärm

Pflocken Tuch, Wollstoff

pflonen den Mund verziehen (zum weinen, besonders aber zum lachen)

pflügen vor den Kirchen betteln

Pflüger Kirchenbettler

Pfosten Dummkopf, ehrlicher Mensch

Pfund ein Jahr (Kerker)

Philosoph Falschspieler in besten Gesellschaftskreisen

phlonen den Mund verziehen (zum weinen, besonders aber zum lachen)

Phubo Nabel

Pi Mund, Kuß

Pich
Pichde } Geld

Pichdegeuder Bankhaus

Picht
Pichte } Geld

Pichtegeuder Bankhaus

Picke das Essen

pickedig hungrig

Pickelhaube
Pickelfritz } Gendarm

picken essen

Pickgaider Speiseraum

Pickling Nagel

Pickus das Essen

Pih Bargeld

Pikus das Essen

Pili Topf

Pille Epilepsie

Pille schnorren, auf die — — mit angeblicher Fallsucht oder Schwangerschaft betteln gehen

Pillenträgerin eine, die Schwangerschaft vortäuscht

pilmern rauchen

Pilmerstab (lange) Tabakspfeife

Pilpel Pfeffer

pilpel sein streiten, zanken

Pilpul scharfes Verhör, scharfe Verhandlung

Pilsel Jungfrau, Mädchen

pilseln schlafen

Pilzl s. „*Pilsel*“
Pimmerloden Weißbrot
Pinca Keller
Pink Mann, Bursch, Handwerker (mit Nebenbegriff des Verschmitzten); auch: Geld; männlicher Geschlechtsteil
Pinkas Vormerkbuch, Verzeichnis des Gestohlenen
Pinke s. „*Pink*“
Pinkel Keller
Pinkert Sterne
Pinkes s. „*Pinkas*“
Pipolte Jude
Pipoltiza Jüdin
Pirano Geliebter
Pireskro Polizeimann
Piri Topf
pirnango barfuß
piro frei
pisacken überwältigen, knebeln, binden, quälen, plagen
Pischenpe geheime Verabredung, Verständigung, Ausrede
Pischte }
Pischtim } Leinwand
Pischtum }
Piskenpeh }
Pißchen } geheime Verabredung, Verständigung, Ausrede
Pißchen-Pe }
Piszalo Mühle
Piz Ladenbursch, Handelsangestellter, Bedienter, Geck niederer Art
Plafond Hut
Plafond Hosenhinterteil
Plamena Blasbalg
plämm! aufgepaßt!, Vorsicht!
Planken reißen die „Mauer“ machen
Pläntel gestohlenes und verstecktes Geld
planten stecken, schieben, verbergen, sich einer Sache unbemerkt entledigen
Plasto Leinwand
Platen Geld
Platen, geputzte — } falsches
Platen, linke — } Geld
Platenmelochner }
Platenmelucher } Falschmünzer
platt vertraut, befreundet, zur Diebsbande gehörend
platt machen }
platt reißen } im Freien schlafen
Platte Bande
platte Leute vertraute Bekannte
platte Spieße Gaunerherberge
platten sprechen, zum Vertrauten machen
Plattfuß Gans
Plattl 20 h-Stück
plattmachen sich unterstandslos umhertreiben
Plattmolle }
Plattmulje } Geldbörse
Plauderer Lehrer
Plauni der „NN.“, „XYZ.“, „Dingsda“
Plautz Haut, Fell
Pleite Flucht; Zahlungsunfähigkeit
pleitegehen fliehen, entspringen
Pleitegeier einer, der in Betrugsabsicht Bankrott macht, entflieht
pleite handeln Gegensatz zu „*challe handeln*“ s. d.
pleitemachen s. „*pleitegehen*“
pleffen jemanden heftig anfahren, anschnauzen, schrecken
Pleffer anlegen jemanden erschrecken, in Verwirrung bringen
plemm! aufgepaßt!, Vorsicht!
Plempel Bier
Plempelwäscher Bierbrauer
Plempl Bier
Plete Flucht; Zahlungsunfähigkeit
pletegehen sich (heimlich) davonmachen
plewen jemanden heftig anfahren, anschnauzen, schrecken

Ploni der „NN.“, „XYZ.“, „Dingsda“
ploten stechen
Plötze Strafanstalt Plötzensee (Berlin)
Pluder Hose
Pludern Hosen
Pluma Goldstück
pochen Fallsucht oder sonst eine schwere Krankheit vortäuschen
Pochen Kartenhasardspiel
Pochtam Tuch, Leinen
pochus klein, gering
pöckern | *pockern* vergiften (besonders Haushunde); sterben, töten, schlachten
Pockdam Tuch, Leinen
Podoch öffentliches Haus
pofen nächtigen
poi sein (= ihm gehörig)
Poker ein Kartenhasardspiel
Pökerwinde Krankenhaus
Pokid Vorsteher, Vorgesetzter, Amtmann
Polende alles, was Polizei heißt, auch: Polizeigebäude
Polengänger | *Polenhändler* Betrüger mit wertlosen, für wertvoll ausgegebenen Sachen, wobei ein dritter „zufällig“ Dazugekommener hilft, indem er selber kaufen will; (heißt auch *„Wiaschmahändler“*)
Polenk s. *„Polende“*
Polent vornehme Wohnung, Besitz, Kloster
Polente Polizei
Polenteköter Polizeihund
Polifka | *Polifke* Suppe
Poliquetsch | *Polismen* Polizeimann
Polit Entsprungener, Deserteur
Polivke s. *„Polifka“*
Polizeifinger Mohrrüben (Gefangenenkost
Pöllendorf Strafanstalt Göllersdorf
Pollente Polizei
Pollmack Soldat
Polontschero Nachtwächter
Polscher Kleingeld; Pfennig
Polterbais Kerker
poltern lassen verraten, belasten
Poltzerei Ehebruch
Polyp Spitzname für den Polizeibeamten
Pommer Brot
Pommerling | *Pommhans* Apfel
pompen borgen; stechen, ermorden
Ponim Gesicht, Miene
Ponim stellen, ins — — ins Gesicht, gegenüber stellen
Ponum s. *„Ponim“*
Popeja Flamme
Popp Gefangenenkost
Por Bauch
Por Feder
Por Stier
Pora Gedärme
Pore Kuh
Porer Hirt
Pori Schweif
Porr Gesträuch
Porrer Hirt
Portées Karten, die der Falschspieler einschmuggelt
Portionshandlanger Kellner, kleiner Wirt
Porum Inbegriff aller Einbruchswerkzeuge
Poschen Geld
Poscher Kleingeld, Pfennig
Poschkajen Hosen
Poschmookus Sacktuch
poschut bloß, gewöhnlich
Poschut Pfennig
Positi Tasche
poßchenen Schlösser öffnen
Poßchener | *Poßchengannew* Nachschlüsseldieb
Possek Richter
Possek sein Urteil sprechen
Possel Fleisch

Posselfetzer Fleischhauer
posseln schneiden
Possert Schindaas, Fleisch
poter los, frei, freigelassen, entlassen
poter gehen aus der Haft entlassen werden, insbesondere: freigesprochen werden; sterben
poter kommen aus der Haft entlassen werden
poter machen durchgehen, entkommen
Potsdamer der Dumme, der betrogen werden soll
Pracher Bettler
Pracherfleppe Bettelbrief
prachern betteln
Präda Beute, Raub
Prädation Plünderei, Raub
Praho Asche
praien bitten, einladen
prasseln kochen
Prastabnangero einer, der beschäftigungs- und unterstandslos umherzieht
Prastamengro Wächter
Pratcheely Flamme
Prati Gürtel, Schnur; Halsband
Praxen Hosen
preien bitten, einladen
prellen erpressen; verscheuchen
*Preller**) Erpresser
Premier Hauptgauner beim Falschspiel
Prengri Stiefel
Pressiers Stammgäste in Animierkneipen
prest! alles in Ordnung! gut!
prester Kopf gewiegter Gauner
Priem Kautabak
Prinzerei Rathaus; Polizeigebäude, Gefangenenhaus; ausgedehnter Besitz
Pro Fuß
Profit Scheingewerbe, unter dem sich Gauner der Behörde gegenüber decken
Profit über die Achsel machen Lumpen- und Knochensammler sein
Prosch Dieb, Gauner
proschegehen, *proschen* stehlen (gehen)
Proscher Dieb, Gauner
Prosto Bauer
Prudenz Gasthaus
Pruto Pfennig
Psak machen Urteil sprechen
Psalmer (früher: Kreuzer, jetzt:) Zweihellerstück
Psiach, *Psier* Schloß
Psier, frankes — leicht zu öffnendes Schloß
Pučoas Schwefel
Puczum Ziegenbock
Puddelche das Vertauschen wertloser Sachen gegen wertvolle
pudern Beischlaf ausführen
Puff Schlaf, Strich, öffentliches Haus, Beischlaf
puffen übernachten
Pulbra Pulver
Pulle Flasche
Pullert Kessel
Püls Vagabund
Pulver Geld, Kleingeld
Pulver abladen für den Zuhälter Geld hergeben
Pulver, loses — Kleingeld
pülzen schlafen
pumpen borgen; stechen, ermorden
pumps plötzlich
Pumps Tracht Schläge; Borg
Pumser Hirt
Pünke Mann, Bursch, Handwerker (mit Nebenbegriff des

*) „*Preller*" werden jene Erpresser genannt, welche an Besuchern öffentlicher Anstandsorte unter der Beschuldigung unsittlicher Handlungen gewerbsmäßig Erpressungen zu verüben pflegen.

Verschmitzten); auch: Geld; männlicher Geschlechtsteil

Pupe, *Pupenbock*, *Puper* einer, der den Geschlechtsteil des Andern leckt oder dies an sich vornehmen läßt

Puppe Päderast

puppen sich neu einkleiden

Pupperl Mädchen in geringschätziger Bedeutung

Purim Einbruchswerkzeug

Purimpflanzer vertrauter Schmied, der Dietriche und Brecheisen macht

Purum Zwiebel

Puschiakro Wächter

Puschum Wolle, Haar

Pušum Floh

putten essen

Putz Schreckbild für Kinder, Polizeimann, Gendarm; Ausrede, Verteidigung, Schein, Ausflucht

Putz arbeiten, auf — — nur scheinbar arbeiten, um die Polizei über den eigentlichen verbrecherischen Erwerb zu täuschen

Putz machen jemandem etwas vormachen, vortäuschen

Putzarbeit Scheinarbeit, vgl. „*Putz*" usw.

Putzemann Polizeimann, Gendarm

putzen, sich — sich gut ausreden, verteidigen

putzen, Emmes — das bereits abgelegte Geständnis zu seinem Vorteil ändern

putzen, sich auf einen — sich auf einen Andern ausreden

Putzmeister einer, der „*Putzzettel*" (s. d.) ausstellt

Putzschere Werkzeug zum Türenausheben

Putzzettel ausstellen jemandem schriftlich bestätigen, daß er Arbeit habe, obwohl dies nicht der Fall ist

Puze, *Puzenjunge* einer, der sich von pervers veranlagten Männern gebrauchen läßt

Qu

Quadratlatschen besonders große Schuhe

Qualm Geld, besonders Kleingeld

Qualmbrösel Tabakspfeife

quasseln Überflüssiges reden

Quasselstrippe Telephon

Quetsch Polizist

Quien, *Quin* Hund

Quivin s. „*Quin*"

R

rabatzen liegen, lauern; Beischlaf ausführen

Rabe angehender Dieb, Schwindler

rach zart, weich, furchtsam, verzagt

Rachaijemer Müller

rachaw reiten, reiten lassen

racheilen Beischlaf ausführen

Racheimer Müller

racheln umhergehen, verleumden

Rachenputzer Schnaps

Rachow, *Rachwener* Reiter; Dieb, der den im Laden gestohlenen Gegenstand zwischen die Oberschenkel nimmt und sich so entfernt

Rack Speichel

Rackeler s. „*Rachow*"

Rackete Zigarette

Rackof Reiter; Dieb, der den im Laden gestohlenen Gegenstand zwischen die Oberschenkel nimmt und sich so entfernt

Radbais Arbeitshaus

Radibua Zuhälter

Radler Fuhrmann, Lohnkutscher
Radling Wagen
rageln auskundschaften, verklatschen
Ragson der Jähzornige; (vgl. „*Roges*")
Rai Herr, Amtmann
Raiche Hirt
Raiwon Hunger
Raj s. „*Rai*"
Rak Speichel
Rakli Mädchen
Raklo Knabe
Raks s. „*Rak*"
raksen spucken, speien
Ralloch Kälte
Ramai, *Ramme* } Betrüger
rammen betrügen
Ramsch bunter Haufen, Gaunererlös
ramschen betrügen
Ramscher Betrüger
Ramschkone Käufer der gesamten Diebsbeute
Ranasy Wunde
randar schreiben
randar rauben
Rande Sack
rangeln raufen
Rani vornehme Frau
Rašaj, *Raschej* } Priester
Rat Blut
ratschen spielen (Karten, Würfel usw.)
Ratschen Uhr
Rätsel eiserne Kasse
Ratt Nacht
Rattegänger Dieb, der zur Nachtzeit stiehlt
ratten, *rattenen*, *ratteren*, *rattern* } schwatzen, scharf einvernehmen, betrügen, gestehen
Ratz Läufer, Bote
ratzen laufen, davonlaufen, sich beeilen (beim Diebstahl)
Rauber Syphilis
Raubritter (= „spanische Schatzgräber") sind internationale Hochstapler, spanische Gauner, die an Bewohner aller Länder des Erdballes, deren Namen ihnen bekannt geworden sind, Briefe schreiben, einen hohen Anteil an einem bedeutenden (angeblich beschlagnahmten oder vergrabenen) Vermögen versprechen, wenn eine entsprechende Summe vorher als „Lösegeld" eingezahlt wird. (Es ist schier unglaublich, wieviele Leute noch heutzutage diesen bekannten Betrügern aufsitzen).
Rauch schnappen leer ausgehen, nichts erbeuten
Rauchel Hausierer; Verleumder
Rauckach Apotheker
Räuckerl Zigarette, überhaupt Rauchware
Raue Hirt
Rauf, *Raufe* } Arzt
rauken lassen den Geschlechtsakt in den Mund ausüben (lassen)
Rauling kleines Kind
raunen sehen, wahrnehmen, zielen
Rauner Auge, Blick, Gesicht, Ziel
Rauscher (Geschoß-)Kugel
Rauscher, *Rauschert*, *Rauschling* } Stroh, Papier
Raw, *Reb*, *Rebbe* } Rabbiner
Rebbemosche ein $1/2$ m langes, an einem Ende spitz zulaufendes Eisenstück (zum gewaltsamen öffnen verschlossener Behältnisse, an denen Schlösser nicht nachgeben; dasselbe ist mit schwarzer Leinwand od. dgl.

umwickelt und sieht aus wie ein Spazierstock; dient zugleich auch als Waffe)

Rebes Profit, Gewinn

Rebmosche | s. *„Rebbemosche“*
Rebtauweie |

Rebbis Erträgnis, Zinsen, Wucher; vorteilhafter Diebstahl

rechaimen Beischlaf ausführen

Rechem weiblicher Geschlechtsteil

Rechen Kamm

Rechew Wagen, Eisenbahn; Mühlstein

Rechile Verleumdung

Rechow Straße, Gasse; Breite

reck lumpig, leer, schlecht

Reck unnützer Bummler, Pflastertreter; Soldat

Reckel Fuß, Bein

Reel Geschwür

Refua Heilmittel

Regenwurm Wurst

Reger Würfel

Regilius Verleumdung

regieren binden, knebeln, Hals zuschnüren

Regierung Seil, Strick zum binden und knebeln

Regierung, kleine — Kneipe, wo Winkelschreiber zu finden sind

Rei Herr, Amtmann

Reiber Beutel, Sack

Reiberl Zündholz, Reibfläche der Zündholzschachtel

Reichew Wagen, Eisenbahn; Mühlstein

Reickerl Zigarette, überhaupt Rauchware

Reickerlhütte Tabaktrafik

Reiling Schwein

Rein Hund

reinen sehen, blicken, zielen

Reipert Sack

reißen stehlen, betrügen

Reißer Dieb, Betrüger

reiten einen im Laden gestohlenen Gegenstand zwischen die Oberschenkel nehmen und sich so entfernen

Reiwech Gewinn, Zinsen

rek lumpig, leer, schlecht

Rek unnützer Bummler, Pflastertreter; Soldat

Rekim Mehrzahl von *„Rek“*, s. d.

Religion Handwerk; Diebsspezialität

Rellinge Erbsen

Remie Betrug

Rennpferd Dirne

Rennpferd laufen lassen die Geliebte auf den Strich schicken

Reppmosche | s. *„Rebbemosche“*
Repptauweie |

resch arm, bedürftig

Resch Kopf, Oberhaupt, Hauptstadt, Gipfel, Gesamtzahl, Haufe

Resche Frevel, Ruchlosigkeit; (vgl. *„Rosche“*)

Rettich Abort

Retzependel Zigarette, Zigarre

Rewach Gewinn, Zinsen

Rewachfetzer Gauner, Taschendieb

Rewe Rabbiner

Rewizin Frau des Rabbiners

Rezach | Mord, besonders: Raub-
Reziche | mord, Totschlag

Reziche machen einen Raubmord begehen

Ribling Würfel

Riecher Nase

Riechkolben Nase

rick lumpig, leer, schlecht

Rick unnützer Bummler, Pflastertreter; Soldat

Riemenstechen betrügerisches Wetten z. B. mit einer Schnur, in deren eigenartig gelegten Windungen der Finger des Andern beim Abziehen hängen bleibt oder nicht

rienen sehen, blicken, zielen

Rierbein | häßliche, gemeine
Rierbeutel | Dirne

Ries
Riesenmann } 1000 K-Note
Rinde Wäsche, Kleider
Ringel Tanz
ringeln tanzen
Ringhart Garten, Waldwiese
Ringler
Ringling } Wurst; Garten
Rinkosch (früher: Gulden, jetzt:) Zweikronenstück
Rinne Gesang
rinnen singen
ripačiskoj blatternarbig
Rippart Sack, Beutel
Ripse Kirchweih
Riß Beute, Erlös
risch s. „*rosch*“
Risch s. „*Rosch*“
Rito Wiese
Ritt machen
Ritt, auf den — gehen } einen gestohlenen Gegenstand zwischen die Oberschenkel nehmen und sich so entfernen
Ritter von der Landstraße Landstreicher
Ritterschlag erhalten in die Gaunerkniffe eingeweiht werden
Riwizer Gauner, Dieb
Rochel Hausierer, Quacksalber, Verleumder
Rochow Straße, Gasse, Breite
Rockschränker Rockdieb
rodeln mit sich führen
roënen sehen, blicken, zielen
Roëner Auge, Blick, Gesicht, Ziel
Roew Hunger
Rofe Arzt
rofig hungrig
Roges Unruhe, Zorn, das Toben
roinen sehen, blicken, zielen
Roj Löffel
rojen s. „*roinen*“
Rokeach Apotheker
Roll
Rolle } Mühle
rollen fahren
Rollenfetzer
Roller } Müller
Roller Wagen, überhaupt jede Fahrgelegenheit
Roller Dieb, besonders Taschendieb
Roller, auf den — gehen abgeschoben werden
Rollergeschäft
Rollerhacke } Wagendiebstahl
Rollern Begräbnis
Rollert Wagen, (besonders der des Schinders)
Rollerttrappert Schinderpferd
Rollespieß(e) Mühle
Rollmacher Wagendieb
Rolls Windmüller
Rom Mann, Zigeuner
Romni Weib, Zigeunerin
ronen schauen
Roof Hunger
roofig hungrig
Roow Hunger
rosch arm, bedürftig
Rosch Kopf, Oberhaupt, Hauptstadt, Gipfel, Summe, Gesamtzahl, Haufe
Rosch Eren Bürgermeister
Rosche Frevler, Gottloser
Rosenkranz Fuß- und Handschellen
Roß Kopf
rote Sauce Blut
Rotfuchs Goldstück
Rothwasch Meierhof
röttern schwatzen, scharf einvernehmen; betrügen
Rotz Läufer, Bote
Rotz am Arm
Rotz am Ärmel } Gaunerschimpfwort
rotzen laufen, davonlaufen, sich beeilen (beim Diebstahl)
Rouli
Rovli } Prügel, Stock
Rowisch Arbeit
rowischen arbeiten
Rowitsch s. „*rowisch*“
rowitschen s. „*rowischen*“

rozchenen morden, töten
Rozeach Mörder, Totschläger
Ruach Geist, Seele; Leben
Ruach Wind, Sturm; Windbeutel
Rübe Kopf
Ruch Bauer, Tölpel
Ruch s. *„Ruach"*
Rucht Bauer, Tölpel
rücken (heimlich) davongehen, fortlaufen
Rücken haben die Nummern im Lotto, bei welchen die Einer gleich sind, (z. B. 15, 25, 45, 95)
Rückkompanie Leute, die beim *„rücken"* (s. d.) helfen
ruddeln / *ruddern* schwatzen, scharf einvernehmen, betrügen
rühren würfeln
Rührer männlicher Geschlechtsteil
Rührer, einen — holen Beischlaf ausüben
Rührer, einem einen — einhängen jemanden auf seine Seite bringen, ihn gewinnen
Rührling Würfel
rullen gehen einen Fuhrwagen bestehlen
Rummeline das Arbeitshaus Rummelsburg (Berlin)
Rumtreiber Böttcher, Faßbinder
Rundel Kegelbahn
Rundeltippler Kegelspieler
Rundling Kugel
Rup Silber
rupfen, einen Gimpel — einem Dummen sein Geld abnehmen
Ruph / *Rupuno* Silber
rüren würfeln
Rürlinge Würfel
Rußling Kessel
rutschen bekennen, gestehen
rutschen lassen, einen — — jemanden belasten
Rutz Läufer, Bote
rutzen laufen, davonlaufen, sich beeilen (beim Diebstahl)
Ruv Wolf
Ryat Nacht

S

Sach Menge, Volksmenge; Summe
Sacher Kaufmann
sachern kaufen, handeln, bestechen, stehlen
Sacherer Opferstockdieb
sachern s. *„sacheren"*
sachern einen Taschendiebstahl verüben
Säckel Hosentasche
Sackin / *Sackum* Messer
Sadek Polizei
Sadek treuloser Mensch
Sadek Brecheisen
Saffiangast vornehm tuender Bettler
Sakem / *Sakim* Messer
Salatmachen falsches Kartenmischen
Salatmacher Falschmischer
Salmer (früher: Kreuzer, jetzt:) Zweihellerstück
Salz Munition, Blei, Schrot
Salz und Pfeffer Pulver und Blei
Sam Wohlgeruch, Duft, Gift
samsen werfen, überrennen, niederschlagen
Sand Läuse, Ungeziefer
Sandik ein Gauner, welcher vom Erlös etwas hergeben soll
sandig sein Ungeziefer haben
Sandnase Soldat, Infanterist
Sandok s. *„Sandik"*
Sänft Bett, Ruhestätte
sanfter Heinrich Gefangenentransportwagen
Sänftling s. *„Sänft"*
Sängerhalle Hals, Kehle
Sap Schlange

Sarchan Streitsucher, Stänker; Tabakspfeife

sarchen }
sarchenen } stinken, rauchen

Sarcher Tabak, Tabakspfeife

Sarcherkippe Tabakschachtel

Sarcherstock Pfeife, Pfeifenrohr

särfen } brennen, verbrennen,
sarfenen } brandschatzen

Sarfener Brandstifter

Sarfenschnorrer Gauner, der als „Abbrandler" bettelt

sarkenen wegwerfen, Gestohlenes rasch beseitigen

Sarser Käufer gestohlener Waren, Hehler; Kuppler

Sasos der Deutsche

Sasser s. „*Sarser*"

Sasserer Kundschafter

sassern hehlen

sassern auskundschaften

Saster Eisen

Sastera Gitter

Sastippe Gesundheit

Satz machen, einen — — sich der Verhaftung durch Flucht entziehen

Saucher }
Saucherer } Kaufmann

Saucherte Kaufmannsfrau

Säuerling Essig, schlechter Wein

saufen lassen jemanden belasten

Saufer Schreiber, Gerichtsschreiber

Saune der Übelwollende, Feind

Saunefisroel Judenfeind, Judenhasser

Schaardoktor Kurpfuscher

Schab Anteil (an der Beute, am Schandlohn)

Schab, auf dem — sein die Beute teilen

schabben s. „*schabbern*"

Schabber Brecheisen Stemmeisen

schabbern } mit Stemmeisen oder
schaben } Meißel arbeiten,(ein-) brechen

schaben die Beute teilen

Schaber } Brecheisen,Stemm-
Schaberbartl } eisen

Schaberkocher Schmied oder Schlosser, der Einbruchswerkzeuge macht

schabern s. „*schabbern*"

Schabi Knabe, Bursch, Jüngling

Schabit }
Schabitte } Ziege, Bock

Schabol Anteil (an der Beute, am Schandlohn)

Schabolle Scheune, Kornspeicher

schabollen Anteil haben; (vgl. „*Schabol*")

Schachad Geschenk, Bestechung

Schächer Wirt

Schacherer }
Schacherl } jüdischer Händler

schachern kaufen, handeln; bestechen; stehlen

Schachmer Jude

schächten schlachten, abtun, (ab-) schneiden

Schäcker Lüge

Schadchen Kuppler } auch Ge-
Schadchente Kupplerin } legenheitsmacher bei Diebstählen

Schadchon Kuppler

Schadchonus Kuppelgeld

Schadkon s. „*Schadchon*"

Schäfchen Opfer der Bauernfänger

schäfften } bilden, arbeiten, ma-
schäften } chen, liegen, tun, bringen, holen, stellen, sitzen, da sein, bleiben, sein

schäkern falsch reden, lügen

Schakron Lügner

Schale Frage, Entscheidung

Schale Kleidung

schalen fragen, befragen

Schalf Anfängertum im Diebstahl

Schallach Lehrer

Schallef langer, aufgeschossener Bursch; unnützer Bummler; Soldat

schallen läuten, singen
schallen lügen, betrügen; Beischlaf ausführen
Schaller Schulmeister, Kantor
Schäller Kleid, Kleidung
schallern singen
Schallers Karl Lehrer, Kantor
Schalscheles Kette, Fessel, Uhrkette
Schammer / *Schammes* / *Schammesch* } Wächter, Hüter, Diener
Schanl Polizist
schanzen essen
Schanzzeug Eßbesteck
Schapolle Anteil (am Diebsgut, am Schandlohn)
Schapolle Scheune, Kornspeicher
schapollen teilen
Schar, gelbe — goldene Uhr
Scharburk Postwagen
Scharermeister Geizhals
schärfen Gestohlenes gewerbsmäßig kaufen und wieder verkaufen
schärfen, Massematten — alles von einem Diebstahl Herrührende ankaufen
Scharfen, einen — machen Raub, Erpressung, Notzucht ausführen
Schärfenspieler / *Schärfer* } Hehler
Scharfer Gewalttäter
Scharfhandel Raub
scharfhandeln rauben
Scharfmacher Gewalttäter
Scharfnehmer Erpresser
Scharudel Krankenhaus
Schasklamonis alle für den Dieb nötigen Dietriche zusammengenommen, Schließzeug
schasfenen / *schaskenen* } trinken, zechen
Schatnes sogen. Halbstoffe
Schatti Elend, Unglück
Schatzgräber, spanische — s. *„Raubritter“*
Schauchet Schlächter
Schaude Narr, einfältiger Mensch
Schauder Polizeidiener
Schaufel Löffel
Schaufer Horn, Trompete, Dampfpfeife
Schaufet Richter
schaulen fragen, befragen
Schaumer Wächter, Hüter, Diener
Schaure Ware, das Gestohlene
schauren singen
Schaute Narr, einfältiger Mensch
Schautenfelder / *Schautenfäller* / *Schautenpicker* } Gauner, der aus Läden in Gegenwart des Verkäufers Waren stiehlt, Laden-, Marktdieb
Schauter Gerichtsdiener
Schautte Narr, einfältiger Mensch
Schazmaz Gauner, der sich zu allem gebrauchen läßt
Scheberer Glockengeläute
Schebermaßl / *Schebermoß* } Kleingeld
schebern Geld wechseln
schebern gehen sterben
Schecher Bier
Schecher meschaker berauschendes Getränk
Schechune Wohnung, Nachbarschaft, Nebengefängnis
Schecker Lüge, Unwahrheit
scheckern lügen
Schecks Bursch, Knecht
Schee Stunde, Uhr
scheeren verhaften
Scheh Uhr
scheffen bilden, arbeiten, machen, liegen, tun, bringen, holen, stellen, sitzen, da sein, bleiben, sein
scheffen entfliehen
scheffnen Strafe abbüßen
schefften s. *„scheffen“*
was scheff's was gibt's?
Scheger Bier
Scheges Bursch, Knecht

Schegesla Knabe
Scheibe Teller
Scheichert Bier
Scheidling Glas, Fenster
Scheigitz Bursch, Knecht
Scheiker Lüge
scheikern lügen
scheikern, im Verschmai — im Verhör lügen
Schein Tag
Scheinhandel Diebstahl bei Tag
Scheininger Mond, Mondlicht
Scheinkaffer Nachschlüsseldieb, der bei Tag stiehlt
Scheinlatchener Dieb, der bei Tag stiehlt
Scheinling Fenster, Auge, Spiegel, Laterne
Scheinlingszwack Zeichen, Blinzeln, mit dem Auge, an dem ein Gauner den andern erkennt
Scheinschieber Hauseinschleicher bei Tag; Fensterladen
Scheinsetteser, *Scheinsewacher*, *Scheinspringer* Dieb, der bei Tag stiehlt
Scheinsprung Diebstahl bei Tag
Scheker Unwahrheit, Lüge
Schekez Bursch, Knecht
Scheleck, *Scheleg* Schnee
schelegen, *schelgenen* schneien
Schellef langer, aufgeschossener Bursch; unnützer Bummler; Soldat
Schelleg Schnee
Schellenger Gendarm
schellgen schneien
Schelm Name
Schem Name, Ruf; Leumund
Schem ist auch die Bezeichnung für den, den man nicht nennen kann oder will: „Dingsda“, dann auch: Vetter, Kamerad, Landsmann, Gnosse, Zellengenosse, Mithäftling
Schemen Verbrechername
Schemir Wache, Wachtposten, Diebswache; Soldat
schemmen Ausweispapiere überprüfen
Schemu weiblicher Geschlechtsteil
Scheniegelei Arbeit
scheniegeln arbeiten
Scheniegelwinde Arbeitshaus
Schenkel Herr, Beamter
Schenks Zuhälter, Dirnenbeschützer
Scheno Schlaf
Schepperer Glockengeläute
scheppern gehen sterben
Scheppoles geben Schweiggeld geben
Scherberhaurer Pflasterer
Schere Uhr
Schere Zeige- und Mittelfinger, die, scherenartig gehalten, zum Verüben von Taschendiebstählen benützt werden
Schere machen in dieser (s. *„Schere“)* Weise Taschendiebstähle begehen
Scherenschleifer Taschendieb
Scherfenspieler Käufer gestohlener Waren
Scherjes Liebster
Scherling Spiegel
Schetnes sogen. Halbstoffe
Scheure Wachtposten
schewellen fliehen, entweichen
schewenen Strafe verbüßen
Schewil Pfad, Weg, Schwelle
Schex Bursch, Knecht
Schibbe Trauer, Kummer
Schibbe hängen lassen betrübt, verzagt sein
Schibbe sitzen trauern
schibbes schlecht, gering, wertlos
Schibboles Gewinn, Anteil an der Diebsbeute; auch der Teil für kranke oder gefangene Gauner und deren Familie

schicker betrunken
schickern trinken, sich betrinken
Schicks } Frauenzimmer (in geringschätziger Bedeutung)
Schickse
Schicksel
Schidduch Verlobung, Heirat; Nachweis
schieben jede rasche, versteckte Bewegung; Beischlaf ausführen
schieben, Knast — Strafe bekommen
Schieber einer, der dem Hauptbetrüger (natürlich unauffällig) Opfer zuführt
Schieber männlicher Geschlechtsteil; Tasche
schiebes davon, fort, hinweg
schiebes halchenen } davongehen, flüchten
schiebes schefften
Schiefer Kleingeld
schiefern Geld wechseln
Schien Gefangenenaufseher
Schierich Bündel mit gestohlenen Sachen
schießen sehen, achtgeben; stehlen
schießen Beischlaf ausführen
Schifche Magd, Dienstmagd
Schiff Sendung an einen Häftling; Gefangenentransportwagen
Schiffke ältere Frau
Schigerl Jude
schikkern trinken, sich betrinken
Schikkureß Trunkenheit
Schikse } Frauenzimmer (in geringschätziger Bedeutung)
Schiksel
Schild Mauer- oder Türfüllung
Schild einlegen eine solche Füllung durchbrechen
Schillinger Gendarm
Schimmel Schnee
Schimmelmoß Silbergeld
schimmeln eigentlich: schneien; dann: sich unsichtbar machen, davongehen, desertieren
schimmeln gehen davongehen
Schimmler Deserteur; entsprungener Häftling
Schimmus } Dienst, Bedienung, Beischlaf
Schimmusch
Schin jüdischer Buchstabe für alle Wörter, die mit ‚sch' beginnen, z. B. Schließer, Schandarm, Schränker, schofel usw.
Schin Beamte niederer Ordnung (bei Polizeibehörden und Strafanstalten)
Schinailskunde gewesener Handwerker, der taglöhnert oder bettelt
Schinder Arzt
Schindler Abfall, Steiß, Kot
Schindler Angeber, Verräter
schineckeln } arbeiten
schineilen
Schinnagel Arbeitshaus
schinnageln Zwangsarbeit tun
Schinnagler Zwängling
schinnern arbeiten
schinpelommet schlecht, schlimm
schiren } singen
schirlachen
Schiwe Kummer, Trauer
schiwe gefangen
schiwe sein gefangen sein
schiwe sitzen gefangen sitzen
schiwes s. „*schiwe*"
Schkorum Unwahrheit, Lüge
Schlamasse Polizist, Aufpasser, Spion
Schlamassel s. „*Schlamassen*"
schlamassel sein verhaftet, überführt sein
Schlamassen Unglück, Mißlingen, Schaden
Schlamasser Polizist, Aufpasser, Spion
schlamen Beischlaf ausführen
Schlammasselvogel Unglücksmensch
Schlange Kette, Uhrkette
Schlangen malachen die Ketten öffnen

Schlangerling }
Schlangling } s. „*Schlange*“
schlappen begierig trinken
Schlapperstock }
Schlappstock } Löffel
Schlaun }
Schlaune } Schlaf
schlaunen schlafen
Schleckerl Päderast, Zuhälter
Schlederhaus Kneipe, Wirtshaus
Schlef langer, aufgeschossener Bursch; unnützer Bummler; Soldat
Schlemiel Unglücksmensch
schlemielig unglücklich
schleppen den Spielern und Betrügern Opfer zuführen
Schlepper solcher (s. „*schleppen*“) Gauner
schlichnen anzeigen, verraten
Schlichner Verräter
Schlichnerei heimliche Anzeige
Schlichnerzink eine dem Verräter beigebrachte sichtbare Wunde (z. B. im Gesicht)
Schlieberer Taschendieb, überhaupt Dieb
Schließloch Schlüsselloch
Schlinge Kette, Uhrkette
Schlinge gehen }
Schlinge ziehen } Wohnung ändern (von unter Polizeiaufsicht Gestellten)
Schlittenfahrer Gauner, welche Waren auf Kredit nehmen und diese, ohne zu bezahlen, sofort verschleudern
Schlitzerl Dirne
Schlon Schlaf
schlonen schlafen
Schlummerkies Schlaf- u. Kostgeld
schlunen s. „*schlonen*“
Schlung Kehle
Schlunkitt }
Schlunkitte } Nachtlager
Schlunz Gefängniskost
Schlurf Zuhälter
Schmadde Taufe
schmadden sich taufen lassen (vom jüdischen zum christlichen Glauben übertreten)
Schmadderfleppe Taufschein
schmaichen schöntun, kosen, lachen
schmaien hören, vernehmen
Schmal Weg
Schmal machen betteln
schmalen verkleinern, verraten, aussagen, stottern
Schmaler Jahrmarkt
Schmaler Katze
schmalern s. „*schmalen*“
Schmalfink Tabakspfeife
Schmalfuß Katze
Schmalhans Bettler
Schmälinger Zigeuner
Schmalkachler Verleumder
schmallen }
schmallern } reden
Schmalmacher Bettler
Schmalz Strafe
Schmalz fangen gehen die Strafe antreten
Schmattas Erlös für die Beute, Anteil an der Beute
Schmattas machen die Beute teilen
schmaucheln }
schmauckeln } rauchen
schmecheln schöntun, kosen, lachen
Schmeckwohl Apotheke
Schmee Gaunersprache; Lüge
Schmeemurer blinder Lärm
schmeen plauschen, lügen
Schmeichaz männl. Geschlechtsteil
Schmeichelwinde Kirche
Schmeigaz s. „*Schmeichaz*“
schmeißen, einen — bei jemandem einbrechen
Schmelinger Zigeuner
schmettern reden; schmecken
Schmier polizeiliche Streifung

Schmier / *Schmiere* } Wache, Wachtposten, Aufpasser, Diebswache, Soldat
Schmiere stehen beim stehlen den Aufpasser machen
schmieren schreiben
schmieren aufpassen
schmieren bestechen
Schmierer einer, der beim stehlen den Aufpasser macht
Schmierer Wachmann
Schmieresteher s. „*Schmierer*"
Schmierling Butter, Seife
Schmiermichel Kriminalbeamter
Schmierstein Aufpasser
Schmir s. „*Schmier*"
Schmire stehen s. „*Schmiere stehen*"
Schmiß Anzug, Tracht
schmissig keck, verwegen, hochfahrend
Schmitze Peitschenspitze, Peitsche; Züchtigung
schmolen verkleinern, verraten
schmölern reden
schmoren trinken, saufen
Schmorer Trinker, Säufer
schmosen reden, erzählen
schmotzeln sprechen; küssen
Schmu weiblicher Geschlechtsteil
Schmue / *Schmues* } Ruf, Nachricht, Plauderei, Geschwätz
Schmuh Profit, Gewinn niederer, unredlicher Art
Schmuhe weiblicher Geschlechtsteil
Schmunk Butter, Schmalz
schmünkig fett (besonders von Pferden)
Schmunz Gefängniskost
schmusen reden, erzählen, plaudern
Schmuser Erzähler, Gauner, welcher die Aufmerksamkeit des zu Bestehlenden geschickt ablenkt
Schmusgeld Lohn des Unterhändlers (bei Wucher, Kuppelei usw.)
Schmuß, auf den — nehmen durch anscheinend wohlwollendes Zureden ein Geständnis entlocken
schmutzig schuldig, verschuldet
schnabeln fangen; stehlen; essen
Schnalle Unwahrheit, Lüge
Schnalle weiblicher Geschlechtsteil; Freimädchen
Schnalle Suppe
Schnallendrücker / *Schnallendrucker* } Bettler
schnallenrennen auf den Strich gehen, Beischlaf ausführen
Schnallenritt Strich der Dirnen, Beischlaf
Schnallentreiber Zuhälter
schnappen ertappen, gefangennehmen
Schnäutzling Nase
Schnee alles Weiße, z. B. Papier, Wäsche, Silbergeld, Leinwand u. dgl.
Schneefahrer / *Schneefanger* } Dieb, Wäschedieb
Schnees Halstuch, Sacktuch
Schneeschaufler Wäschedieb
schneeweiß mit Geld wohl versehen
schnei zwei
Schneiche Tuch
Schneide Schere
Schneidering Messer
Schneiderkarpfen gesalzener Hering
Schneidetole schmales Vorhängschloß
Schneidhans / *Schneidhanns* / *Schneidling* } Schere
schneien sich unsichtbar, d. h. davonmachen
Schneitzling Nase
Schneitzlingfinche Tabaksdose

Schneitzlingsschneiche Sacktuch
Schnelldoktor Friseur
Schnelle Sacktuch
schnellen schießen
Schneller Pistole, Gewehr
Schnelli, *Schneuzgatten* } Sacktuch
schnieren hängen, henken, binden, knebeln
schniffen stehlen, rauben
Schniffer Dieb, Räuber, Gauner
Schniffler Schnupftabak
Schniffling Nase; Schnupftabak
Schnifflingskasten Tabaksdose
Schnitt machen sagt man von Taschendieben, wenn sie mit der Schere oder einem kleinen Messer erst einen Schnitt in die Kleidung des zu Bestehlenden machen müssen, um zu dem zu stehlenden Gegenstand (Börse od. dgl.) zu gelangen
Schnittling Haar
schnorren betteln
Schnorrerfiesel Polizeibeamter
Schnur Männerfang (seitens der Dirnen)
schnüren hängen, henken, binden, knebeln
schnurren betteln
schnurren, auf die Pille — mit vorgetäuschter Fallsucht betteln
Schnurrlegum Bettelbrot
Schnut Nase; Spitzname für Gauner mit großer Nase; auch Kosewort für Mädchen
Schnute Mund
Schoberbarsel, *Schoberbartel* } Brecheisen, Stemmeisen, Meißel
Schoch Stunde
Schochad Geschenk, Bestechung
Schochen Nachbar; vgl. „*Schechune*“
Schöcher Bierwirt
Schocher, *Schocherbarsel*, *Schocherer* } Brecheisen, Stemmeisen, Meißel
Schocherer (christlicher) Geistlicher
Schöcherkitt Gasthaus
Schochermajum Kaffee
schöchern trinken, sich betrinken
schochern aufbrechen
schochern s. „*schöchern*“
schochern (das Gesicht) schwärzen
schochern sterben, umkommen
Schochet Schlächter
Schock (Jahr-) Markt, Straße; auch: Mark(stück)
Schock, auf den — gehen auf den Markt gehen, um zu stehlen
Schockgänger Marktdieb
Schöckse Frauenzimmer (in geringschätziger Bedeutung)
schod einfältig
Schod, *Schode* } ein Einfältiger, Narr
Schoder Kleingeld; Gerichtsdiener
schofel schlecht, nieder, gemein, armselig, wertlos
schofel Piskenpeh schlechte Ausrede
Schofelkitt Strafanstalt
Schofer Horn, Trompete, Dampfpfeife
Schofer aggeln, mit dem — — mit der Eisenbahn fahren
Schofet Richter
Schokelmei, *Schokelmeium* } Kaffee
Scholam lechem Gruß jüdischer Gauner besserer Art
schomea sein hören, vernehmen
Schomen Öl
Schomer, *Schommer* } Wächter, Hüter, Diener
schomsen schnell arbeiten
Schone Jahr
Schöneck Braut, Bräutigam
Schonergeritt Jahrmarkt

Schono | *Schonum* Jahr
Schoo Uhr, Stunde
Schoof Jahr
Schopper Polizeidiener
Schora Obrigkeit
Schore Ware, das Gestohlene
Schorie | *Schorin* Messer
Schorje alte Kleider
Schorrich allerlei Waren, Geräte, Werkzeug, Sperrzeug
Schorschau Braten
Schosa weiblicher Geschlechtsteil
schosen lügen
Schossa s. „*Schosa*“
Schote Narr, ein Einfältiger
Schoter Gerichtsdiener
Schott | *Schotte* Narr, ein Einfältiger
Schottenfäller | *Schottenfelder* Gauner, der aus Läden in Gegenwart des Verkäufers Waren stiehlt, Ladendieb, Marktdieb
schottenfellen solches (siehe „*Schottenfäller*“) tun
Schottenfeller | *Schottenfellner* s. „*Schottenfäller*“
Schotter Gerichtsdiener
Schotter Kleingeld (Münzen)
Schowit Ziege, Bock
Schrabben kleine Kinder
Schraffel Abfall, Abschaum
Schraffel Schimpfwort unter Dieben, wenn grobe Fehler gemacht werden
Schraffen | *Schrammen* kleine Kinder
Schrände Stube, Kammer
Schrändefeger Dieb, der Zimmer ausräumt, Zimmereinschleicher
schränken mit Gewalt einbrechen
Schränker Einbrecher, Räuber
Schränkmassematten Einbruchsdiebstahl
Schränkschurich | *Schränkzeug* alles Einbruchswerkzeug
schranzieren in Häuser einschleichen, um zu stehlen oder auszukundschaften
Schrapfen | *Schrappen* kleine Kinder
Schraufen Zigarrenstummel
Schratz Kind
Schrazen | *Schrazgen* Kinder
Schrazgen pflanzen schwängern
Schreckener Genosse des Ladendiebes
Schreckstein Angst, Furcht; blinder Lärm
Schreiberl Bleistift
schrekenen plaudern, um die Aufmerksamkeit des zu Bestehlenden auf sich zu lenken, damit der andere Gauner inzwischen stehlen kann
Schrekener einer, der solches (s. „*schrekenen*“) tut
Schrende Stube, Kammer
Schrendefeger | *Schrendeschieber* Dieb, der Zimmer ausräumt, Zimmereinschleicher
Schrenzirer stehlender Bettler
Schrobberzeug Brechwerkzeug
Schropp Kind männlichen Geschlechtes
Schroppin Kind weiblichen Geschlechtes
Schrumper Feile
Schtije Trank, Getränk
Schtike Schweigen, Ruhe
Schtuß Narrheit, Dummheit
Schub gewaltsamer Diebstahl
Schub zwangsweises Abreisendmachen
Schub, auf den — gehen auf einen gewaltsamen Diebstahl ausgehen; auch: zwangsweise abreisend gemacht werden
Schuberle Gespenst
Schübes machen entkommen, durchgehen

Schublade weiblicher Geschlechtsteil
Schubmasematten Einbruchsdiebstahl, der vorher nicht ausgekundschaftet ist
Schucherer Zigeuner
Schuchert Bier
schüchten schneiden
Schuck (Jahr-) Markt, Straße; auch Mark(stück)
Schuck abhalten, den — — den (Jahr-)Markt in Diebstahlsabsicht besuchen
Schuckel Hund
Schucker Gendarm
Schuder Gerichtsdiener
schuf dich! } schweig!, laß ab!,
schuffdi! } geh fort!
schuffen } verraten, verklagen,
schufften } bekennen, gestehen
schuffti! schweig!, laß ab!, geh fort!
schuften s. „*schuffen*"
schuften sich plagen
Schuhe abputzen } Verdächtiges
Schuhe reinigen } beseitigen
Schukker Gendarm
Schulchen Tisch, Tischplatte, worauf etwas zur Schau, zum Verkauf ausgestellt ist
Schule die ganze Sammlung von Dietrichen
Schule Strafanstalt
Schule machen für den Diebstahl die Dietriche instandsetzen
schullemen } befriedigen, be-
schulmenen } zahlen
Schum Knoblauch
Schumballen Klöße, Knödel
Schummel Knecht, Magd
Schummel Drehorgelspieler
Schummel Zuhälterin, weiblicher Geschlechtsteil
schummeln kosen, schöntun; Beischlaf ausführen
Schumpel s. „*Schummel*"
Schund Abfall, Steiß, Kot
schundeln Notdurft verrichten; angeben, anstiften
schupfen tun
schupfen gehen angeben, gestehen, verraten
schuppen betrügen, beschwindeln
Schupper Spitzbube, Betrüger
Schurch Kleidungsstoff
Schure Ware
Schurf ein Jahr Zuchthaus
Schurich Paket mit Beute
Schurrich } allerlei Waren, Ge-
Schurrig } räte, Sperrzeug
Schuß (früher: Gulden, jetzt:) zwei Kronen
Schuß, einen — machen Beischlaf ausführen
Schuß nehmen davonlaufen
schustern Beischlaf ausführen
Schütz Junge, Bursch, Knecht
Schuwe Antwort, Nachricht, Neuigkeit; Reue
Schuwe bringen } verständigen
Schuwe stechen }
Schwäche Wirtshaus
schwächen trinken
Schwächer Durst, Wirt
schwäde betrunken
Schwandel kleines Geldstück
Schwanfelder Kleiderbettler
schwanger gehen von der Polizei gesucht werden
Schwanjo Rathaus
schwänzen } gehen
schwanzen }
Schwarer, ein — ein gewiegter Verbrecher
Schwarz Nacht
schwarz vorbestraft; arm
schwarz machen ausplündern
schwarz sein ohne Geld sein
Schwärze Nacht; Tinte
schwarze Bande werden diejenigen Gauner genannt, welche junge, namentlich vermögende, Leute entführen und verborgen halten und diese nur gegen

Zahlung eines hohen Lösegeldes freilassen; das Oberhaupt dieser Bande ist die
schwarze Hand, an welche das Lösegeld gezahlt werden muß
schwarze Sprache Gaunersprache
schwärzen schmuggeln
Schwarzenberg sein ohne Geld sein
schwarzfahren schmuggeln
Schwarzfahrer einer, der ohne Ausweispapiere herumzieht
Schwarzfärber Geistlicher
Schwarzgelber Soldat; Verräter, überhaupt jeder, der es mit der Obrigkeit hält
Schwarzkünstler Schornsteinfeger, Buchdrucker
Schwarzkünstler Geistlicher
Schwarzkünstler Floh
Schwärzling Kaffee
Schwarzmas geräuchertes Fleisch
Schwarzmoser } Brecheisen
Schwarzmosser }
Schwarzreiter Floh
schwassen } trinken
schwassern }
schwassern betrügen
schwedische Gardinen Gefängnis
schwegeln Tabak rauchen
Schweiger Bettler, die sich künstlich krankhaftes Aussehen geben
Schwelemer Zigeuner
Schwelle Scheune, Kornspeicher
Schwemmriwitzer Holzdieb
schwer Kochew Unglück
Schwerer } gefährlicher,
schwerer Junge } furchtloser Verbrecher
schwerer Knast Zuchthausstrafe
Schwester Päderast
Schwester, barmherzige — Freimädchen
Schwil Pfad, Weg, Schwelle
schwimmen lassen, einen — — jemanden belasten, im Stiche lassen
Schwimmerling Fisch
Schwindel Not, Verlegenheit
schwor schwanger
schwossen betrügen
Schwue Eid, Schwur
schwul sein geschlechtlich widernatürlich empfinden, veranlagt sein
schwule Fahrt Männerfang
Schwuler einer, der den Geschlechtsteil des Andern leckt, Päderast
Schwuo Eid, Schwur
sebachen stehlen
sebacher Dieb
Sechel Verstand
seebachen stehlen
Sebacher Dieb
Seebacher } Taschendieb
Seefahrer }
Seeger Mann
Seeländer Schreibtisch
Seewacher s. *„Seebacher"*
Sefel Mist, Kot
Sefelgräber betrügerischer Schatzgräber
Sefer s. *„Sefel"*
Seffer Bettler, der sich künstlich krankhaftes Aussehen gibt
Sehnsucht Schinken, Würste u. dgl.
Seibel Mist, Kot
Seifensieder Taschendieb
Sekohne } Gefahr
Sekone }
sela fertig, abgemacht
Seländer Schreibtisch
Sellove (früher: Gulden, jetzt:) Zwei-Kronenstück
Selo Strick
Selo Gendarm
Selruph s. *„Sellove"*
Seminar Strafanstalt
sempern fortwährend reden
Senftling Bett
Senge Prügel, Hiebe
Sensenmann Tod

Senz Herr
Seraf Branntwein
Serafbajes
Serafbeis Branntweinschenke
Serchehanjo Tabaksbeutel
serchen rauchen, stinken
Seres kleiner Finger
Serf Feuer
Serfen Gauner, der als „Abbrandler" bettelt
Serffleppe Drohbrief, falscher Brief, Brief mit unwahrem Inhalt
Serfschnurrer s. *„Serfen"*
Sero
Seru Kopf
Seubecher Dieb
Serviettenschwenker Kellner
sewachen stehlen
Sewacher
Sewecher Dieb
Sfiri Hammer
sicher, einen auf — bearbeiten jemanden im Spiel betrügen
Sicherheitspsiach ein Dose'sches Schloß
siedrig zornig, aufbrausend
Sifon Abschaffung, Ausweisung
Sikne Alter, Bejahrtheit
Sil Kälte
Silabi
Silabis Zange
Silalo Keller
Silidori Schlinge
Siller Arbeitshaus
Simen
Simmen Zeichen, Bezeichnung, Marke, Narbe, Mal, Beule, Verletzung, Brandmarkung
Sims Heer
Simse Schloßgebäude
Singalo Soldat
singen fasten
Sinne Feindschaft, Haß
in Sinnen cheißen in Feindschaft leben
Sinte
Sinter Genosse, Komplize, Zigeuner
sippern zählen, erzählen
Sircho Stänkerei, übler Ruf, Bekanntwerden einer Gaunerei
sirich geizig
Siro Grab
siuf gefälscht, unecht
Sjon Mond
Sjuri Messer
Skocker
Skoker Einbrecher, welcher stiehlt, was gerade zur Hand ist
Skone Gefahr
Skorum Lüge; Unfug, Dummheit
Sliberer Gauner, Dieb, Hauseinschleicher, Taschendieb
slichenen
slichern
slichnen verraten
Slichner Verräter (an dem Genossen gegenüber dem Gericht)
Slichnerzink eine auffallende Verletzung, die dem Verräter an sichtbarer Stelle (Gesicht) beigebracht wird, um ihn dafür bleibend zu kennzeichnen
Slintsch Verräter
Sman bestimmte Frist oder Zeit, (z. B. Polizeistunde, Mittagszeit)
Smitzlach Schläge, Prügel, Züchtigung
snurren betteln
Socher
Socherer Kaufmann
Socherte Kaufmannsfrau
Socht malochen einen Geschäftsladen plündern
Sochter Kaufmann
Sode Feld
Soeschen Pferd
Sof Ende, Schluß der Unternehmung oder Untersuchung
Sof Gold, Geld
Sofer Schreiber, Gerichtsschreiber
Soff Geld

Soffmalucher } Goldschmied
Soffmelochner }

Söfl } Gold, Geld
Soft }

Soger Kaufmann

sogern schließen, aufschließen, verschließen

Sohof Gold, Geld

Soken Bart

Soken der Alte

Šol Pfiff

Solm Leiter

Sommerfrische Strafanstalt

Somnakaj Goldschmied

Sonne Strafanstalt Sonnenburg

Sonnenbruder einer, der im Freien übernachtet

Sonnenschmied Spengler, Klempner

Sonntagsnachmittagsding Diebstahl zu einer Zeit und an einem Ort, wo die Bewohner ausgegangen sind

Sonof Tierschwanz; männlicher Geschlechtsteil

Sonof Narr, Geck, Hanswurst

Sor Präsident, Minister

Sor Stärke, Schärfe; Krampf; Gift

Sor (gestohlene) Ware, auch Erlös vom gestohlenen Gut

Šor Bart

Sora } (gestohlene) Ware, auch
Sore } Erlös vom gestohlenen Gut

Soref Branntwein

Sorer Präsident, Minister

sörfen brennen

Sorof } Branntwein
Soruff }

Soruffbruder Schnapstrinker

Soviben Schlaf

spachteln essen

Spagat Angst; Geld; Männerfang (seitens der Dirnen)

Spahn Zigarette

Späne machen aufpassen

Spange } Zigarette
Spangerl }

spanische Schatzgräber s. „*Raubritter*"

Spannmichel Augen

Spannase Detektiv

spannen sehen, merken, beobachten

spannen, nach einem — jemanden verfolgen

Spanner } Aufpasser, Wäch-
Spannjunge } ter, Detektiv

Sparkassa Buckel

Specht Jäger

Speck Rute, Peitsche

Speck und Schinken körperliche Züchtigung

Speckjager Bettler; reisender Handwerksbursch

speiben } gestehen, bekennen
speien }

Spenz Detektiv

Sperling Riegel, Knebel, Mundknebel

Spevakos Leiter

Spie Wirtshaus

Spieker Nagel

Spiese niedrige Herberge, Kneipe

Spieß vertrauter Wirt, der Verdächtiges kauft

Spieße Wirtshaus

spießen (in Haft) sitzen

Spießenick } Wirt
Spießler }

spilav einsperren

Spinatstecher Päderast

Spinatwächter Fluraufseher, Finanzwächter

Spinne Frauensperson, die den Zuhälter aushält

spinnen hergeben (besonders Geld)

Spinnhase Feigling

Spiß vertrauter Wirt, der Verdächtiges kauft

Spitzbeißer Wirtshaus

Spitzel Detektiv, Spion

Spitzkopf Polizist

Spitzling Hafer; Nagel
Sprankert Salz
Sprattling Bettuch, Bettdecke
Sprauß Wald
Spreck, *Spreckhansel* Narr
Spreitzen, *Spreitzerl* Zigarette
Sprenkart, *Sprenkert* Salz
Spretling Bettuch, Bettdecke
Sprikener Gehilfe des Diebes (meist Ladendiebes), der den zu Bestehlenden inzwischen beschäftigt
Springer Schließeisen
Springert Tor, Tür
Spritzbüchse Mädchen (in geringschätzigerBedeutung); Dirne
Spritze Gewehr; Messer
spritzen (Fenster) eindrücken; reden; stechen
Spritzer Einbrecher
Spritzer Landesverweisung; Sprache
Spritzer, einen verkehrten — einhängen sich verstellen, lügen
sprunken jemanden Salz in die Augen werfen
Sprunkert Salz
Spule Speise
spulen essen
Spunkenelle Gespenst
Srefe, *Sreife* Brand, Feuersbrunst
Sricho Stänkerei, übler Ruf, Bekanntwerden einer Gaunerei
srikenen beobachten, forschen, ablenken, damit der Komplize unbemerkt und ungestört stehlen kann
Srucho s. *„Sricho"*
Staatsfrack zehnjährige Kerkerstrafe
stabeln gehen, wandern, umherziehen
Stadtfrack s. *„Staatsfrack"*
Stadtschreiber Straßenkehrer
Stall, in einem guten — stehen einen guten Posten bekleiden
Stana Stall
Ständer der erregte männliche Geschlechtsteil
Stanglwirt Brunnen
Stänker Stall
stappeln gehen, wandern, umherziehen
Stardo Gefangener
Stariben Haft, Gefängnis
Staub Mehl
Staub Kleingeld
staubeln, *stauben* rauchen
Stauber Mehl
Stauber Tabak
Staubert Mehl
Staude Hemd
Stauke Prügel, Schläge
stauken schlagen
Steber Baum
stechen heimlich zu verstehen geben, heimlich verständigen
stechen, auf etwas — etwas anschauen
Stechhans Schneider
stecken s. *„stechen"*
stegen wandern, einkehren
Steiger Leiter
Stein (früher: Gulden, jetzt:) Zweikronenstück
Steinfalle Berg
Steinhaufen Stadt
Steinhausen Strafanstalt (Stein a. d. D.)
Steinschwalbe Maurer
Steinschwalbe vom Land zugereister
Steißklopper Lehrer
Steklo Glas, Fenster
Stengel Zwirn, Faden, Garn
Stenkert Stall
Stenz Stock, Prügel
Stenz Zuhälter, Dirnenbeschützer, Kuppler

stenzen prügeln, schlagen, hintergehen, stehlen
sterben lassen, einen um etwas — — jemandem etwas wegnehmen
Steßkunde Dieb
Stettinger (früher: Gulden, jetzt:) Zweikronenstück
Stichler, *Stichling*, *Stichlingsmelocher*, *Stichlingspflanzer* } Schneider
sticke! still!
Stiefel abputzen, *Stiefel reinigen* } Verdächtiges beseitigen
Stiegenläufer, *Stiegenratte*, *Stiegenschleicher* } Hauseinschleicher
Stiegler Leiter
stieke! still!
stieke vor segge! schweig in seiner Gegenwart!
stieken still sein, aufpassen
stiffeln schlagen
Stift Knabe
Stiftgen Knäblein
Stiftl Kind
Stiglitz Leiter
Stike Schweigen, Ruhe
stikem! sei still!, sei ruhig!
stiller Lampen zufällige Störung
Stinker, *Stinkert* } Stall
stippen mit Leimruten Geld aus Ladenkassen, Opferstöcken, Automaten u. dgl. stehlen
Stipper einer, der solches (s. „*stippen*“) tut
Stipprute die zum „*stippen*“ (s. d.) nötige, mit Leim od. dgl. bestrichene Rute
Stirigen Hühner
Stixi Bonbon gehen zu einem Freimädchen gehen
Stock Pfandleihanstalt
Stock, etwas in — geben etwas verpfänden
Stockamt s. „*Stock*“
stocken sitzen, sich (insbesondere in Haft) befinden
Stockerei Pfandleihanstalt
Stockerl Zahn
Stoß das gesamte Gestohlene
Stoß Zusammenkunftsort von Falschspielern
stoßen, *stößen* } stehlen; auch (ab)betteln
Stossenschieber, *Stossenspieler* } einer, der wissentlich Gestohlenes ankauft
Strada, *Strade* } Landstraße
Stradefüßler Landstraßendieb, Straßenräuber
stradehalten sich zum Zweck des Straßenraubes auf der Landstraße herumtreiben
Stradehändler, *Stradekehrer* } Straßenräuber
Strähle Landstraße
strammen gehen
Strampfer Gefangenentransportwagen
strandeln unschlüssig sein, zweifeln
Strandler Zweifler, Betrunkener
Strang, *Strangl* } Uhrkette
stranzieren schlafen; herumliegen
Straßenpilger Friseur
Stratefegen Straßenraub
Stratefeger, *Stratekehrer* } Straßenräuber
Strauber, *Straubert* } Haar
straunskert unterstandslos
Straunzen Bett; Nachtlager
straunzengstad, *straunzenskat* } unterstandslos
Straza Wache
Streberer Bettler (besonders mit Zeugnissen usw.)
strebern betteln (s. „*Streberer*“)

Strehle Straße
Streifling Strumpf
Strich das Herumgehen der Dirnen, um Männer anzulocken
Strichbua Zuhälter
strichen auf Unzucht, auch Straftat, ausgehen
Strichler Junge, Bummler, Dirnenbeschützer
Strichler } Zuhälter
Strichoh }
Strittschen Schuhe
Strizzi Zuhälter, Dirnenbeschützer
Strohbeißer } Gans
Strohbohrer }
Strohnickel Schwein
Strohpudel Gans
Strom öffentliches Haus
Strombart Wald
Stronzian Zuhälter
Strotter Zuhälter, Dirnenbeschützer
Struppert Haar
Stubben einer, der sich nicht fürs Geschäft eignet
Stube Gefängnis, Haft
Stubenältester } der, welcher am längsten in einem Gefängnis sitzt
Stubenvater }
Stück Brot Diebsbeute
Stück Brot verdienen stehlen
stupfen stechen
Stupfer Lohnkutscher
Stupfgeld Schweiggeld
Stüre Huhn
Sturmbeis Rathaus (mit einem Turm)
sturmfreie Bude Wohnung, in welche Mädchen ungeniert Männer mitbringen können
Sturz Haut, Fell, Decke
stürzen verurteilen
Stuß Unsinn, Dummheit; auch Angst
Stydlo Häftling
Sub Nadel
Suchel Verstand
Sulm Leiter
Sultan ein doppelt Verheirateter
Sulum Stroh
Sumnakai Gold
Sung Geruch
Suppe, die — ist kalt es ist alles verloren
Surhase Zwiebel
Surm Bauer
Surof } Branntwein
Suruff }
Sus } Pferd, Stute
Suse }
Suse leichtlebiges Frauenzimmer
Sushändler Pferdedieb
Suß Pferd
Süßert Honig, Zucker, Met
Sußgannew } Pferdedieb
Sußhändler }
Sußhaus Bienenstock
Süßlehmer Zuckerbäcker
Süßling Honig, Met, Zucker, Kaffee
Süßlingbais Metschenke, Kaffeehaus
Süßlingtippler Bauernfänger
Suu Nadel
Sviri Hammer
Syng Horn
Syzati Pfeil

T

Tabel gesamte Diebsbeute, Bündel mit Lebensmittel
Tabu Kirche
Tachtay Gasthaus
Tachtel Ohrfeige
Tafel Brieftasche, Vormerkbuch; Verkleidung einer Wand oder Tür mit Holz oder Blech
taffen } verhaften, gefangennehmen
taffenen }
taffnen }
tafsen }
tafsenen }
tailachen nach einem bestimmten

Ziel gehen, schnell davongehen, fliehen
takif mächtig, angesehen, einflußreich
talchen henken; hinrichten, umbringen
talfen betteln
Talfkunde Bettler, der mit allem zufrieden ist
talgen, *talgenen*, *taljenen* s. „*talchen*“
Tallesmasky Strafanstalt
Talmikavalier Gauner, Falschspieler, der aus niederen Volksschichten sich „emporgespielt“, d. h. betrogen und Eingang in erste Gesellschafts- und Spielkreise erlangt hat; gemeingefährlicher Mensch
Talpa Fußsohle
Taltel Schlüssel, Nachschlüssel
Tamlipen Finsternis
tamlo finster
Tankfaller Auslagendieb
Tannepahl Huhn
Tanner Ofen
Tante Hausfrau, bei der falsch gespielt wird
Tante Päderast
Tantel s. „*Taltel*“
Tanteler, *Tantelmacher*, *Tantelmelochner* Schlosser
Tantelzeug Dietriche
tanzen lassen stehlen
Tanzl (früher: Kreuzer, jetzt:) Zweihellerstück
Tapemischl Freimädchen
täppeln Beischlaf ausführen
tapperav prügeln, fangen
Tappuach Apfel, Erdapfel
Tarbis Zins, Wucher, Gaunerbeute, gestohlenes Gut
tarchenen betteln, hausieren
Tarchener Bettler, Vagant, Bettelbetrüger
Tarfes s. „*Tarbis*“
targenen s. „*tarchenen*“
Tarling Würfel
Tarmis Betrug
tarreln Würfelspielen
Tarwes Zins, Wucher, Gaunerbeute, gestohlenes Gut
tasavav würgen
Taschenkrebs Taschendieb
tato warm, heiß
Tattel Dietrich
Taube Glück, Gutes
Tauben haben Glück haben
Tauwes awone echte Steine
Taxameter, *Taxameterer* Bettler in Wirtshäusern oder Klöstern
Tschan Tuch
Tschautar Zwirn
Tchille, *Tchilles* Anfang, Beginn; Abend
Tchillesgänger einer, der am A b e n d stehlen geht
Tchilles handeln zur A b e n d - zeit stehlen
Tchindro Grei Wallach
Tchud Milch
tchulo dick
Tchuv Rauch
Tchuvalo Tabak
Teben Kaufladen
Techille, *Techilles* Anfang, Beginn; Abend
Teckel Gendarm
Teckelei Polizei
Tee Tabak
teebern rauchen
Teewinde Krankenhaus
Teibe einfacher, leicht zu erbrechender Schrank
Teichgraber, *Teichgräber* Ente
Teife Kiste, Koffer, Lade, Schrank, Sarg
Teigaffe Bäcker
teilechen nach einem bestimmten Ziel gehen, schnell davongehen, fliehen

Teiwe s. „*Teife*"
telechen s. „*teilechen*"
Telel Tier
Telentos Kalb
tellern umbringen, henken, hinrichten
Telli Tür
Temegge / *Temeige* Freimädchen
temol gestern
Tempeln ein Kartenhasardspiel
Terling Würfel
Termechol Huhn
Terufe Heilmittel, Hilfe
Teschuwa Antwort, Nachricht, Neuigkeit, Buße, Reue
Tetz Kopf
Tewa Kiste, Koffer, Lade, Schrank Sarg
Tfieze / *Tfise* / *Tfuse* Arrest, Gefängnis
thabarav ich zünde an
Thalik Mantel
Than Ort, Platz
tharav ich brenne an
Thele Freimädchen
Thil Schmalz
Thilengero Schmalzhändler
Thiral Käse
Tholmann Galgen
Thuma Kirche
Tick / *Ticke* Uhr
ticken abwägen, abmessen, überlegen
Tickmelochner Uhrmacher
Tickschlange Uhrkette
tiebern plauschen, reden
Tiefe Keller
Tiefling Kellner
tiegern schnell laufen
Tiffel Kirche, Kapelle, Tempel
tiffer lau! rede nicht! schweig!
tiffern plaudern, reden
Tifle Kirche, Kapelle, Tempel
tigern wandern, reisen
Tille Freimädchen
Tilmisch dummer Mensch
Tilmisch machen sich dumm stellen
Tinef Kot, Schmutz
tinef sein verloren, überführt sein
Tinnöf unedle Metalle
Tippel Fallsucht, Ohnmacht
tippeln rasch gehen, wandern
Tippelschickse wandernde Bettlerin
Tippen Kartenhasardspiel
Tippesch Nichtgauner, Spießbürger
Tippler gedungener Mitbieter bei einer Versteigerung oder bei betrügerischem Verkauf (z. B. falscher Schmucksachen)
Tippler Einbrecher
Tirhaj Schuster
Tiroler Stuhl für die ärztliche Untersuchung der Dirnen
Toback Gefängnis-, Zuchthausstrafe
Tobis Gefängnis
Tobris Tabak
Tobrisklinge Tabakspfeife
Tobus s. „*Tobis*"
Toches / *Tochus* Gesäß
Tochus Ulan Päderast
tocken geben
tof gut, verläßlich, sicher
tof Jom! guten Tag!
tof schefften sicher sein
Tofes Gefangener, Verhafteter
Tofes Gefängnis, Haft
tofes kominen verhaftet werden
tofes nehmen verhaften, gefangen nehmen
toff gut, verläßlich, sicher
toff sitzen in Sicherheit sein
Toffis Gefängnis, Haft
Tofke Gewalt, Ansehen, Einfluß
Tofle Kirche, Kapelle, Tempel
tofleftig gutmütig
toflemone katholisch
toflemone Jaske Kloster

toften Sodten! gesegnete Mahlzeit!
Toges Gesäß
Tokef Gewalt, Ansehen, Einfluß
Tole Vorhängschloß
Tolgon Scharfrichter
toni weg, fort
Tor Hacke
Torf Gegenstand des Diebstahles, Geld
Torfdrücker / *Torfdrucker* } Taschendieb
Töse Zwangsarbeitsanstalt
tot sein kein Geld haben
Totmacher Beil, Axt
tov gut, verläßlich, sicher
Tover Hacke
Towe Glück, Gutes
Trallerwatsch / *Trallewatsch* } Schub, Transport
trampeln betrügen
Tran, im — im trunkenen Zustand
Trankonditor Kleinhändler, kleiner Käufer, Wiederverkäufer
Tranl Straßenbahn
Tranlochner s. „*Trankonditor*"
transportieren Karten beim Falschspiel verschwinden lassen
Trapin Leiter, Treppe
Trapp Schub
Trapp, auf den — kommen (in die Heimat, an die Grenze) abgeschoben werden
Trappel / *Trapper* / *Trappler* / *Trappmann* } Pferd
Trararumbeis Postgebäude
Trararumgänger / *Trararumgannew* } Postpaketdieb
Trararumgole Postwagen
Tras / *Trast* } Eisen; Furcht
treefe unrein, unehrlich, unsicher, verdächtig, gestohlen
treefe fallen / *treefe gehen* } im Besitz bedenklicher Sachen, auf frischer Tat betreten, verhaftet werden
Treefeschurig verdächtiges Gut
trefe s. „*treefe*"
trefe chole unter belastenden Umständen verhaftet
trefe schefften in der Klemme sein
trefel überwiesen
trefer verhaftet (auf frischer Tat)
Treff Zusammenkunft am verabredeten Ort (z. B. zur Teilung der Beute)
Treiber Zuhälter
treife s. „*treefe*"
Treppenschleicher Hauseinschleichdieb
Tresor (Kleider-) Schrank, -Kasten
Treter Schuh
Tretter Füße
trillen spinnen; eingesperrt sein
Trillerei / *Trillerie* } Strafhaus
Trillisker Eisenbahngepäcksdieb
Trine Freimädchen
Tripoteur Bauernfänger, Falschspieler unter niederen Volksschichten
Tritt / *Trittchen* } Schuh, Fuß
Trittchenpflanzer Schuster
Trittling Schuh, Fuß; Treppe
Trittlingsmalucher / *Trittlingsmelochner* / *Trittlingspflanzer* / *Trittmacher* } Schuster
trocken ehrlich
Troll Garn
Trujan Tabak
truschen sprechen, unterhalten
Tschab Anteil an der Beute
Tschabitte Ziege, Bock
Tschawo Knabe, Bursch
tschi ja
Tschick Zigarren- oder Zigarettenstummel
Tschicker einer, der solches (s. „*Tschick*") sammelt, raucht

tschinageln arbeiten
Tschinagler Arbeiter, Handwerker
tschinnern / *tschinogeln* arbeiten
Tschinogerl s. „*Tschinagler*"
tschoch balisagen zechprellen
Tschöcher Mittagessen
Tschocherer Stemmeisen
tschöchern essen; trinken
tschöchern lassen belasten
Tschorr Dieb
tschorrlen stehlen
Tschukkel Hund
Tschuwe Antwort, Neuigkeit; Buße, Reue
Tuffl Mauer
tulerisch protestantisch
Tulle Mädchen, Tochter, Dienstmagd
Tulm Galgen
tulmen henken, hinrichten, umbringen
Tulo der Dicke
Tuma Kirche
tupfen Beischlaf ausführen
Turfdrucker Taschendieb
türkische Musik syphilitische Erkrankung
Türklingenputzer Bettler
türmen entspringen, entfliehen
Türmer Entsprungener
Tuseli Herd
Tüteo Beamter, Offizier
Tuv Rauch
Tuvdalo Pfeife
Twise Gefängnis, Kerker
Tyroler Stuhl für die ärztliche Untersuchung der Dirnen
Tyšera Pferdehändler

U

über'n Berg gehen ins Zuchthaus kommen
überbau sein (in gewissen Verbindungen) erhalten, bekommen: *Kast überbau sein* Strafe bekommen
überbaun s. „*überbau sein*"
Überfluß Geld
Übermann Überzieher
Übermitte Oberbett
übertippeln überraschen, verscheuchen
Überwurf Haken an Türen und Fenstern, Schubriegel
Udar Tür, Tor
Ülem Gedränge
Ulenklemmer Bahnhofdieb
Ulmersche Vater
ulmisch alt
Ulmische Mutter
Ulmischer / *Ultersch* / *Ultersche* Vater
Ulterschin Mutter
umfallen gestehen, bekennen
umschauen betteln; auch sich nach Arbeit umsehen
Umschlag Vereitlung, Hintertreibung
umschmeißen ein abgelegtes Geständnis widerrufen
Unblachter (d.h. „ungebleichter") Schnaps
ungleich bucklig
Unke / *Unkelmann* / *Unker* Beobachter der Gauner, Hochstapler, Falschspieler
Unsinger Schlesier
unterblenden Gestohlenes unterschlagen
Untergriff Zehe; Fuß
Untergrund Keller
Untergrundmasematten Kellereinbruch
unterkabbern untergraben; einen Teil der Beute unterschlagen
unterkaswenen unterschreiben
unterkaufen einen Teil der Beute unterschlagen
unterkiebischen / *unterkiebitschen* untersuchen
Unterkiewisch Untersuchung, Untersuchungshaft

Unterkippi Untersuchung
unterkunftig unten, unterhalb
untermackeln, *untermackenen*, *untermackern*, *untermakkenen* einen Teil der Beute unterschlagen, vom Gestohlenen einen Teil beiseiteschaffen
Untermitte Unterbett
Unvernunft Wurst
Unzelmann machen sich verstellen, täuschen, einem etwas vormachen, vorlügen
unzeln schwindeln, lügen
up auf
Uripen Kleidung, Anzug
Uštibi das Erwachen, Aufstehen
ustidel empfangen, bekommen
uzlo schuldig
uzlovav ich bin schuldig
Uzur Rauch

V

vakerkerav plaudern, erzählen
valako jemand
valaso etwas
valat mittellos
Valeto Knecht
Valin Fensterrahmen, Glas
var einmal
vareko jemand
Vasavo Bad
vasdel öffnen
Vast Hand
Varita Weihnachten
Vedo Tal
Vehm Hand
Veranrein Wahrsagerin
verballert werden betrogen, bestohlen werden; (in bezug auf Diebe) vom stehlen abgehalten werden
verbarseln vergittern, anketten
verbimsen mißhandeln
verbleffen nötigen, ängstigen, bangemachen
verbrannt in Gauner- und Verbrecherkreisen bekannt und erkannt sein
verbrennen, sich — syphilitisch werden
verbrüsewitzen, *verbumsen* mißhandeln
verchawern sich anfreunden
vercheiweln, *vercheweln* binden, knebeln
Verda Wagen
verdalken mißhandeln
verdienen stehlen, betrügen; Geld als Dirne erwerben
Verdiener Dieb
Verdienst Anteil an der Beute
verdiente Sachen gestohlenes Gut
verdonnern verurteilen
verdreschen mißhandeln
verduften sich aus dem Staub machen
verdupfen erstechen
Verdust Gedränge (vgl. „*Vertuß*“)
verdutzen die „Mauer“ machen
Verdyn Kette
vergimpeln vergiften
Vergolder Päderast
verhämmern mißhandeln
verhammet sein warten, abpassen, (bis Zeit und Gelegenheit gekommen ist)
verhängen verpfänden
Verhängstatt Pfandleihanstalt
verheifeln binden, knebeln
verjaschwen, *verjaschwenen* versetzen
verjaschwienen versetzen
verkabbern, *verkaboren* verstecken, vergraben
verkamisölen mißhandeln
verkangen verkaufen
verkeilen verstecken; verkaufen
verkinjenen verkaufen
verklabbern s. „*verkabbern*“
verklopfen, *verkloppen* durchbringen, vertun; mißhandeln
verknackt verurteilt
Verknackter Verurteilter
verknasten bestrafen
verknaxt s. „*verknackt*“

verkneisen ⎱ merken, wahrneh-
verkneisten ⎰ men, verstehen
verknüppeln mißhandeln
verkohlen belügen, betrügen
verkönigen verkaufen
verkrennt verheiratet
verkroschent mit Brettern verkleidet
verkümmeln Gestohlenes verkaufen
Verkümmler Hehler
verkündigen verkaufen
verlamdenen jemanden so zurichten (z. B. trunken machen), daß er leicht bestohlen werden kann
verlampen verscheuchen
verlatschen mißhandeln
verlegt überführt, überwiesen
Verlenz Verhör
verlinken fälschen, unecht machen
verlinzen verhören
verluachern verraten; verstecken; verkaufen
vermachen belasten; verstecken; verraten
vermackeln ⎱ verbergen, ver-
vermackenen ⎰ stecken
vermalbischen verkleiden
vermaschen versetzen, verpfänden
vermasseln einen Gauner der Polizei angeben
Vermasselter ein durch Verrat Verhafteter
vermauscheln absetzen, in Umlauf bringen (z. B. falsches Geld
vermebeln verkaufen, vertun; durchprügeln, beiseite bringen
vermischbenen abschwören
Vermo Grube
vermöbeln s. „*vermebeln*"
vermonen betrügen
vermosern ⎱ reden, bekennen,
vermossern ⎰ warnen, verraten; heimlich verständigen
vernageln mißhandeln
vernandmachen die Beute teilen
vernischbenen abschwören
vernollen verschließen
vernünftig sein Päderast sein
verpaschen ⎱ (Gestohlenes) ver-
verpassen ⎰ kaufen
Verpasser Verkäufer (gestohlenen Gutes), Hehler
verpfeifen (Mitschuldige) verraten
verpischen ⎱ (etwas) vertuschen,
verpissen ⎰ beseitigen
verpos'chenen verschließen
verpötern schlagen
verpulvern vergeuden
verpumjacken mißhandeln
verramschen verstecken
verratzt verloren, verraten
verräumen ⎱ verstecken
verreiben ⎰
verreißen verführen, notzüchtigen
versäbeln mißhandeln
versachern verstecken, verkaufen
versamen ⎱ vergiften
versammen ⎰
versängen mißhandeln
versarfenen verbrennen
versargen ⎱ eingraben, verber-
versarkenen ⎰ gen, jemanden unter solchen Umständen verhaften lassen, daß er sobald nicht freikommt
verschabbern verstecken
verschalzen durchbringen
verschärfen (Gestohlenes) verkaufen
verschicken einsperren
verschiefern verpfänden; Geld wechseln
verschießen verkaufen
verschitt verhaftet
verschlaunen verschlafen, versäumen (s. „*schlonen*")
verschlichnen anzeigen, verraten
verschlonen s. „*verschlaunen*"
verschlüchern verraten
Verschmai Verhör
verschmaien verhören, vernehmen

verschmieren wachen, aufpassen

verschnallen
verschnälzen } durchbringen

verschöchern verzehren, vertrinken, verraten, angeben

verschütt verhaftet, eingesperrt, verloren

Verschütt Haft

verschütt gehen verhaftet werden

verschütten einsperren

verschwächen
verschwächern } verzehren, vertrinken, verraten, angeben

verschwärzen sterben; anzeigen

versefeln
verseifeln } jemanden in schwierige Lage, ins Unglück bringen, verraten

versetzen sich des Betrogenen entledigen

versippern sich verrechnen, verzählen

verslichern
verslichenen
verslichnen } verraten

versorfen verbrennen

verstocken verpfänden

verstoßen Gestohlenes (kleinweise) weiterverkaufen

verstrakeln schlagen

vertippeln verspielen

Vertusch machen
Vertuß machen } den Taschendieb während der Ausführung der Tat decken; auch: Kuppelei betreiben

vertussen eine Handlung durch eine andere verdecken

verwamsen verraten

verwittern Wachthunde durch die verpflanzte Ausdünstung läufiger Hündinnen betören, ungefährlich machen

verzachkenen verspielen

verzinken verraten

verzrocken verspielen

verzünden verraten, anzeigen

verzwiren erzählen

Ves Wald

vesavo lahm

Viaschmahandel s. *„Wiaschmahandel“*

vidazinel achtgeben

Viereckl Grab, Friedhof

Vignja Schmiede

Vilamo Blitz

Violenmacher
Violenschieber } derjenige Gauner, welcher dem eigentlichen Dieb behilflich ist und sich so stellt, daß Letzterer von niemandem gesehen oder gestört werden kann

Visitkarte zurücklassen große Notdurft verrichten (aus Aberglauben am Tatort)

Vizeboos
Vizeboost
Vizibus } Hausdiener in der Herberge

Vodi Seele

Vodro Bett

vögeln Beischlaf ausführen

voller Lampen laute Störung oder große Gefahr

Voppart einer, der Narrheit vortäuscht

Vorderschieber Dietrich besonderer Art

Vorleger jedes spitze, dünne Werkzeug, das zur Vorarbeit für das Brecheisen dient

Vormasematten Vorzimmer

Vormitjom Vormittag

Vudar Türe, Tor

Vuš Hanf

Vustengero Flachs

Vys Wald

W

Wachglampfl Gefangenenaufseher

Wachtel Hund

Wachtel Zigarrenstummel

wackeln für den Zuhälter Geld hergeben

Wahn Narbe, Wunde

Waider Jagdtasche, Reisetasche

wajiwrach machen davongehen, mit der Beute entfliehen

Wald, in — donnern stehlen gehen und verscheucht werden oder nichts bekommen
Wald, in — geschickt werden zum besten gehalten werden, das Nachsehen haben
waldivern Diebssprache reden
Waldsbruder Landstreicher
walen undeutlich, in unbekannter Sprache, Gaunersprache reden
Walerei Gespräch
Wallach Geistlicher
Wallmusch Rock, Kleidung, Hut
Wallrutscher Straßendirne
walschi geschlechtskrank
Waltern Läuse
Walzbruder Landstreicher
walzen gehen, wandern
Walze, auf die — gehen auf die Wanderschaft gehen
Walzer | *Walzerkönig* } Landstreicher
Wams Verräter
wamsen lügen, aufschneiden
Wamser Verräter
Wand Deckung, Sicherung des stehlenden Gauners dadurch, daß sich jemand vorstellt oder etwas vorschiebt
Wand machen solches (siehe „*Wand*") tun
wandern entfliehen
Wandmacher wer solches (s. „*Wand*") tut
warme Arbeit das Öffnen eines Geldschrankes auf maschinelle Weise (Stichflamme u. dgl.)
Wärmchen | *Warmer* | *warmer Bruder* | *warmer Onkel* } Päderast
Wärmling Ofen
Wassergspodel | *Wasserratte* } Schiffsdieb in Häfen
Wastl Justizsoldat
Waterman Bezeichnung für überseeische Mädchenhändler und Verkuppler
Weber Dummkopf
Wechochom der Überkluge
Wechselfahrt | *Wechselfalle* } Reise zum Zweck des Geldwechselbetruges; auch Betrug an Dummen mit außer Kurs gesetzten Banknoten
Wedl Einfaltspinsel; auch der (für Dirnen) splendide Gast
Weesch Wald
Weetscher Jäger, Flurschütz
wegblättern davongehen, fliehen
weggrippieren heimlich wegnehmen
weghacken wegwerfen
wegpissen, sich davonschleichen
wegplanten heimlich und geschickt wegnehmen
wegsamsen wegwerfen
Wegweiser Landesverweisung
Wegweiser bekommen landesverwiesen werden
Weh Einfaltspinsel
Weisel | *Weisler* } Abschaffung, Ausweisung; Alibizeuge
weiß reich, mit Geld wohl versehen
weiß sein Geld haben
weißbrennen, sich — sich ausreden, schuldlos darstellen
weißer Schurich Wäsche
Weißes Papier
Weißfeld Landesgrenze
Weißfuchs Silber
Weißkäufer Marktdieb
Weißling Milch; Silbergeld
Weißmoß Silbergeld
Weißwisch Seidentuch
Weitchen | *Weitling* } Hose
welsch in Verbindung mit allen Ausdrücken, die sich auf besonderes Schließzeug beziehen, z. B. *welsch Echeder* voller (d. h. nicht hohler) Schlüssel
wenom krauten ausbrechen
werfen essen; einbrechen
Wiaschmahandel Betrug mit wert-

losen, für wertvoll ausgegebenen Sachen, wobei ein Dritter „zufällig“ hinzukommt und hilft, indem er selber kaufen will

Wiaschmahändler einer, der solches (s. „*Wiaschmahandel*“) tut

Wiazeff verabredeter Ort für Gaunerversammlungen

Wieden Haus

Wiener machen landesverwiesen werden

Wiesenburg Obdachlosenheim in der Wiesenstraße (Berlin)

Wiesener Junge, Zuhälter, Dirnenbeschützer

Wilde Frauensperson, welche das Schandgewerbe ohne Kenntnis der Sittenpolizei ausübt

wilden Mann machen Verdruß anfangen; einen Auflauf hervorrufen

Wiltner Gold- und Silberwarenhändler

Wimmerholz Orgel, Leierkasten

Wind haben hungern

Winde Tür, Türflügel; Haus

Winde Zwangsarbeitsanstalt; Ort, wo man eine Unterstützung bekommt

Windfang | *Windfaum* } Mantel

windig nicht geheuer

Winsel Geige

Winseler Geigenspieler

Winselwinde Kirche

Wipper Betrüger mit falschem Geld oder falschem Metall

Wirdi Festung, Strafanstalt

Wisch Tuch, Halstuch; Schriftstück

witsch alles, was nicht im Gaunerleben geschult ist oder damit in Verbindung steht, ehrlich, dumm, einfältig

Witscher ein solcher (s. „*witsch*“)

Witschling Anfänger

wittisch s. „*witsch*“

Wittstock s. „*Witscher*“

Wochin Fenster

Wolferl Zahn

Wolfke Suppe

wolken geizig

Wollsack Schaf, Hammel

Wortin Wagen

Wuder Tür

Wulakro Schaf, Hammel

Wurawel Laus

Wurf Mund, Maul

Wurfplan Speisekarte

würgen abdrehen (z. B. Vorhängschlösser)

Würmer J a h r e der Strafhaft (vgl. „*Frösche*“)

Wurmer Bohrer

Wurz'n der (bes. für Dirnen) splendide Gast

Wuscht Lippe

wutscho klein

wutteln | *wuttlen* } unstet hin und herreden, schwätzen

Wuttler Schwätzer, nicht verschwiegener Mensch

Z

Z Zuchthaus oder -strafe

Zaccum Messer

Zaccum melochen mit dem Messer stechen

Zachkan Glücksspieler

zachken spielen

Zacken haben, einen — — betrunken sein

Zacken | *Zackin* | *Zackum* } Messer

Zaddik (spöttische Bezeichnung der) Polizei; treuloser Mensch

Zaddik Brecheisen

Zahmer einer, der sich betrügen läßt

Zahnstierer Bajonett

Zajod Jäger

Zajod Zehrgeld

Zall (früher: Kreuzer, jetzt:) Zweihellerstück

zalmenen Kreuz machen, sich bekreuzigen
Zalmer s. „*Zall*"
zalog wenig
Zammereta Pistole, Gewehr
Zandik Gevatter; ein Gauner, der vom Gestohlenen etwas herschenken soll
Zank Polizei, Wachmann
Zanker / *Zänker* / *Zänkerer* } Polizeibeamter, Gendarm, Gefängniswärter u. dgl.
zankern schimpfen
Zantinella Wache
Zapperte, das — die hinfallende Krankheit
zarfes Echeder voller (d. h. nicht hohler) Schlüssel
Zaster Eisen, Eisenbahn; Geld
Zawer Hals
Zawerle Halstuch, Halsbinde
zawern Hals abschneiden, hinrichten, erwürgen
Zede Zehrpfennig
Zefire frühe Morgenstunde
Zefirgänger Gauner, die sich in Gasthöfe einschleichen und stehlen, was gerade zur Hand ist
zegemen plaudern, ausplaudern, gestehen, verraten
Zehlem Kreuz, Kruzifix
Zehnling Strumpf
Zeifer Buch
Zeilem s. „*Zehlem*"
zeimen zahlen
Zeli Gebratenes, Geröstetes
Zemer Wolle
Zemergefen Baumwolle
Zenserei Polizei
Zenserer Polizeikommissär
zerdruckt mittellos; zerlumpt
zergaffen zerschlagen, verderben
zergen rauchen
Zerger Kau-, Rauchtabak
Zero Kopf
zerquetschen wegnehmen
zerrissen blatternarbig
Zervo der Linke
Zeug Einbruchswerkzeug
Zewa Farbe
zgocken nachsehen, ob und wo etwas zu stehlen ist
Zgocker Hauseinschleicher
Ziacherl Taschendieb
Zicken Dummheit, Unsinn
ziehen Taschendieb sein; Karten spielen
zierlich ohne Gewalt, leicht, vollendet, gelungen
zierlicher Massematten ungestört verübter, vollkommen geglückter Diebstahl
zierlicher Schränker Dieb, der, ohne Gewalt gegen Personen anzuwenden, stiehlt
Zijan Schaden
Zilah Kraft
zimbeln prügeln, peitschen
Zimmermannsbub Jesus Christus
Zimmes Bohnenspeise
Zimmt Geld, besonders Kleingeld
zimpftig ausgiebig, kräftig
zingeln schwätzen, plaudern
Zink jede geheime Verständigung, Wink, Zeichen, Name
Zinke Zeugnis; Stampilie
Zinken s. „*Zink*"
zinken ein Zeichen geben, bezeichnen, verraten
Zinken bohren Stempel stechen
Zinken stechen Zeichen geben
Zinkenstecher einer, der ein geheimes Zeichen gibt
Zinker Polizeibeamter, Gendarm, Gefängniswärter u. dgl.
Zinker / *Zinkermann* } Anfertiger falscher Stempel, Unterschriften u. dgl.
Zinkerplatz verabredeter Treffpunkt der Gauner
Zinkfleppe Steckbrief
Zinkierer s. „*Zinkermann*"
Zinkplatz / *Zinktreff* } s. „*Zinkerplatz*"
Zinsen holen betteln gehen

ziperen | zählen, erzählen
zippern |
Zjukyl Hund
Zli Gebratenes, Geröstetes
zmerschert mittellos, zerlumpt
Zmoaly Pech
Zocher Kaufmann
Zocker gewerbsmäßiger Spieler
Zofen | Mitternacht, tiefe Dunkelheit, Norden
Zofon |
zogern schließen, aufschließen, verschließen
Zol Pfeife
Zoli Gebratenes, Geröstetes
Zoller Falschspieler
zollern falschspielen
Zom Hirt
Zon Schaf
Zoner Hirt
Zonn Schaf
Zonn-Gannew Schafdieb
Zoof Ende, Schluß der Unternehmung oder Untersuchung
zopfen | nehmen, stehlen
zoppen |
Zopper Dieb
Zor | Stärke, Kraft
Zoralipe |
Zoreli Schwefel
Zoske Pferd
Zoskenhändler Pferdedieb
Zosse s. „*Zoske*"
Zossenpenker Pferdefleischhauer
Zoten Arbeitshaus, Armenasyl
Zottelberger |
Zottelbruder | Dieb
Zotteler |
zotteln stehlen
zrocken Hasard spielen
Zrocker Hasardspieler
Zselo Strick
Zsut Essig
Zuccum Messer
Zuccum melochen mit dem Messer stechen
Zuchtfilgen Gefängnis, Strafanstalt
Zug Uhrkette
zukker schön
zulanden einen Diebstahl versuchen, begehen, unternehmen
zulimo schuldig
zulinzen zuwinken
Zumin Suppe
Zünd, einen — reiben heimlich benachrichtigen
zünden, anzeigen, verraten
Zünder Anzeiger, Verräter
Zungalo Stänker; Verräter
zupfen ziehen, zerren, aus der Tasche stehlen (z. B. *die Luppe zupfen* die Taschenuhr ziehen)
zuplanten jemandem heimlich etwas zustecken, zuschieben
zuppen s. „*zupfen*"
Zure Form, Anstand, richtige Art
zuschochern zusperren
zusammenramschen ausrauben
zusammenscheren verhaften
Zusem | Pferd
Zusim |
Zuständigkeit silberne Löffel
Zuto der Gelbe
zutoi gelb
Zuttli Schießpulver
Zuzinken Zuname
Zwack Augenwink zum gegenseitigen Erkennen der Gauner
Zwängerling Jacke, enger Rock
Zwangswinde Arbeitshaus
Zwick Nagel, Hammer
Zwick Zwangsarbeitsanstalt
Zwick Bande
zwicken quälen
Zwickling Augenwink zum gegenseitigen Erkennen der Gauner
zwieren zählen
Zwilling (beim Glücksspiel) die Zahlen: 11, 22, 33, 44 usw.
Zwingling s. „*Zwickling*"
zwiren zählen
Zwirn Angst; Plage
zwirnen plagen
Zwitsch Farber
Zwitschkern Kerze

Lehrbücher für Beamte des Polizei-, Sicherheits- und Kriminaldienstes.

Praktischer Leitfaden für kriminalistische Tatbestandsaufnahmen.

Für Kriminal- und Sicherheitsbeamte herausgegeben von **Wilhelm Polzer**, Polizeikommissär in Wien. 3., gänzlich umgearbeitete und wesentlich vermehrte Aufl. 8°. XII, 136 S. Steif geh. Mk. 14.—, Fr. 2.—.

Einige Urteile:

Archiv für Kriminologie, Leipzig:

„Als im Jahre 1918 die erste Auflage erschien, schrieb ich im Archiv (70. Bd. S. 264), daß ein unter praktischer Verwertung der darin enthaltenen Winke fixierter Tatbestand die Freude jedes Untersuchungsrichters bilden und ein nach diesen Anleitungen klargestellter Sachverhalt die Hälfte der Untersuchung vorausnehmen werde .... und ich habe meiner damaligen Bemerkung heute nur noch ergänzend und bekräftigend hinzuzufügen, daß die neue Auflage jetzt auch auf Wissenschaftlichkeit getrost Anspruch erheben kann. Die Darstellung ist übersichtlich und systematisch, der weite, schwer zu fassende Stoff in ein festes Gerippe gebracht. Die Schwierigkeit, für das Verhalten am Tatorte dem Kriminalisten fixe Anleitungen zu geben ... hat Polzer nach besten Kräften überwunden. Sein sichtliches Bestreben, die Kriminalistik für den Praktiker in brauchbare Form zu fassen, macht den „Leitfaden“ zu einem unentbehrlichen Behelf für jeden Kriminalisten.

Es wäre dringendst zu wünschen, daß dieses alle einschlägigen Fragen so erschöpfend behandelnde Werkchen möglichst große Verbreitung im In- und Ausland fände!“ Regierungsrat Dr. Hugo Weinberger, Polizeidirektion Wien

„Deutsches Polizeiblatt“:

Polizeibeamtenblatt 1921, Nr. 21. Die schwierige Aufgabe, für das Verhalten am Tatort dem Kriminalbeamten eine feststehende Anleitung zu geben, ist meisterhaft gelöst. Das alle einschlägigen Fragen erschöpfend behandelnde Werkchen ist damit zu einem unentbehrlichen Behelf für jeden Kriminalisten geworden.

Polizei-Gouverneur Hakon Jörgensen, Kopenhagen, schreibt:

„Mit großem Interesse habe ich den „Leitfaden“ studiert. Ich finde ihn sehr praktisch, kurz und klar, ausgezeichnet für Polizeischulen und auch von großem Interesse für junge Juristen, die sich für den praktischen Polizeidienst ausbilden lassen.“

Handbuch für den praktischen Kriminaldienst.

Von **W. Polzer**, Polizeikommissär in Wien. 8°. XII, 261 S.
Geb. etwa Mk. 30.—.

Das Buch gibt dem Kriminalbeamten genaue und klare Anleitungen in leicht faßlicher, „mundgerechter“ Form, die ihm in jedem Falle, in zeitlicher Aufeinanderfolge und punktweise aufzählen, was zu geschehen hat; es wird ein Lern- und gleichzeitig ein Nachschlagebehelf sein, in dem Alles zu finden sein wird, was der Polizei- und Sicherheitsbeamte für seinen Dienst benötigt.

Signalementslehre.

Ein Handbuch für Polizei- und Gendarmeriebehörden. Von Dr. **Hans Schneickert**, Leiter des Erkennungsdienstes des Polizeipräsidiums in Berlin. 2. Aufl. in Vorbereitung. Preis noch unbestimmt.

J. Schweitzer Verlag (Arthur Sellier) München, Berlin, Leipzig.

MIX

Papier | Fördert gute Waldnutzung

FSC® C083411

Kolibri 360 GmbH
Ferdinand-Jühlke-Straße 7
99095 Erfurt, Deutschland
produktsicherheit@kolibri360.de